ケースで学ぶ国連平和維持活動

―PKOの困難と挑戦の歴史―

石塚勝美［著］

創成社

はじめに

　我が国日本では，国連平和維持活動は国連 PKO として親しまれている。日本の自衛隊が 1992 年にカンボジアの国連 PKO である国連カンボジア暫定統治機構（UNTAC）に参加して以来，日本の自衛隊の国連 PKO での参加の様子がメディアでも映し出され，国連 PKO は国際平和を築くためのかけがえのない活動である，というイメージが多くの日本人のなかにある。さらに 2016 年国内では安保法制の整備により，日本の自衛隊が後方支援をしながらも緊急時には外国部隊を援護できる「駆けつけ警護」が可能になる事が決定された。いよいよ日本人も国連 PKO に深く関与して，国際社会に強く貢献できると期待している日本人も多いと考える。

　しかしそのような日本人でも，日本の自衛隊が派遣されている国や地域のほかに国連 PKO が世界のどこでどのような任務を行っているかを知っている人はごくわずかではなかろうか。また国際関係，国際政治，国際安全保障について学んでいる学生や研究者たちも国連 PKO の働きや国際社会からの評価を大枠で理解しても具体的なケースに触れることはあまりないと考えられる。

　本書は，国連 PKO の具体的なケースを用いて議論していく。国連 PKO は，国際社会の様相の変化によってその機能も様変わりしてきた。そこで，まず本書は国連 PKO を大きく 3 つに分類する。その 3 つは，

(1) 東西冷戦時代に多く見られた伝統的な停戦監視型国連 PKO，
(2) ポスト冷戦期に多く見られる複合的機能を持つ複合型・国家構築型国連 PKO，そして
(3) 同じくポスト冷戦期に見られる武力行使型国連 PKO

である。そのそれぞれの 3 つのタイプの国連 PKO の簡潔なケース説明として，伝統的国連 PKO では，シナイ半島で実施された第 1 次国連緊急隊（UNEF I），

および第2次国連緊急隊（UNEF II），さらにはキプロス島で現在でも展開されている国連キプロス平和維持隊（UNFICYP）を取り上げる。また主要なケーススタディーとしてレバノン南部で現在も駐留中の国連レバノン暫定駐留軍（UNIFIL）に焦点をあてる。複合型・国家構築型国連PKOのケースとしては，まずナミビアでの国連ナミビア独立支援グループ（UNTAG）そしてカンボジアでの国連カンボジア暫定統治機構（UNTAC），さらにはコソボでの国連コソボ暫定行政ミッション（UNMIK）を取り上げる。また主要なケーススタディーとして東ティモールの国連東ティモール暫定統治機構（UNTAET）に焦点を当てる。さらに武力行使型国連PKOとしては，まずソマリアでの国連ソマリア活動（UNOSOM）とシエラレオネでの国連シエラレオネ監視団（UNOMSIL）と国連シエラレオネ派遣団（UNAMSIL）を取り上げる。また同時に武力行使をすべきであったがそれをせずに批判を受けたルワンダの国連ルワンダ支援団（UNAMIR）を取り上げる。そして主要なケーススタディーとしてコンゴでの国連コンゴ活動（ONUC），国連コンゴ民主共和国ミッション（MONUC）そして国連コンゴ民主共和国安定化ミッション（MONUSCO）に焦点を当てる。さらにイスラム原理主義武装勢力，いわゆる潜在的な国際テロリストも関わる国連PKOとしてアフリカ・マリの国連マリ多面的統合安定化ミッション（MINUSMA）にも触れる。

　このように分類ごとの国連PKOの事例を複数ずつ（4事例ずつ）分析することによりその分類ごとの国連PKOの特徴や課題点や対応策が見えてくる。本書では国連PKOを単に「美化」することをせず，敢えてその問題点を厳しく指摘していく。これは多様な文献や公文書を通して得た知識，インタビューなどによって得た事実，さらには現地調査から得た経験がもとになっている。そして国連PKOがその問題に直面するたびに試行錯誤をし続け，そのなかには改善されたこともあるが，依然として課題として山積されている問題も多いことが理解される。本書はその国連PKOの困難と挑戦の歴史を具体的なケースで紹介し議論していく。そのなかで今後国連PKOがこれまでの教訓をもとにしていかに発展していくかを考えていくことが本書の目的である。

　また本書における導入部分である第1章に関しては本書の出版先である創成

社から出版された『国連 PKO と国際政治』（創成社，2011 年）と内容が重複する部分があることをここに記する。

　最後に本書を出版するにあたり，多様な助言を下さり，そして執筆の間は辛抱強くそして暖かく寛大なお気持で見守って下さった，塚田尚寛社長をはじめとする株式会社創成社の皆様には心より感謝の意をお伝えしたい。

　2017 年 1 月

石塚勝美

本書で取り上げる地域

シナイ半島, キプロス島（第2章）, レバノン（第4章）

カンボジア（第3章）

コソボ（第3章）

東ティモール（第5章）

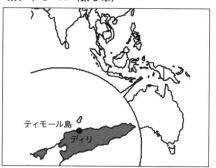

アフリカ（第3章, 第6章）

◎—— vii

目　次

はじめに

第1章　国連平和維持活動の定義，設立背景，および概念 ——1

1-1　国連平和維持活動とは？ ·····························1

1-2　国際社会における国連平和維持活動誕生の背景
　　　―政治大国主導の国連集団安全保障体制の限界 ····················4

1-3　ピアソン，ハマショールド，そして UNEF Ⅰ ·············7

1-4　伝統的な国連平和維持活動の概念 ····················10

第2章　東西冷戦時代の伝統型国連平和維持活動の実例 ——14

2-1　シナイ半島の国連 PKO ①：UNEF Ⅰ ···············14

2-2　シナイ半島の国連 PKO ②：UNEF Ⅱ ···············16

2-3　キプロスでのケース：UNFICYP ····················19

第3章　ポスト冷戦期の新型国連平和維持活動 ——22

3-1　新型国連平和維持活動誕生の国際社会における背景
　　　―国内紛争による国家の崩壊と人道的危機 ··················22

3-2　複合型国連平和維持活動：国家構築型 PKO ··········26

3-3　ナミビアでの国連 PKO：UNTAG ··················29

3-4　カンボジアでの国連 PKO：UNTAC ················31

3-5　コソボでの国連 PKO：UNMIK ····················34

3－6　武力行使型国連平和維持活動：平和執行部隊や
　　　「強化された PKO」 36

3－7　ソマリアでの国連 PKO：UNOSOM 39

3－8　「武力不行使」としてのルワンダでの国連 PKO：
　　　UNAMIR 45

3－9　『ブラヒミ報告書』とシエラレオネでの国連 PKO：
　　　UNOMSIL と UNAMSIL 50

第4章　伝統的国連平和維持活動のケース
―国連レバノン暫定駐留軍（UNIFIL）― 56

4－1　レバノン情勢と UNIFIL の設立 56

4－2　UNIFIL の設立 59

4－3　UNIFIL 初期の活動状況 60

4－4　任務が遂行できない要因 64

4－5　1982 年以降のレバノン情勢と UNIFIL の対応 70

4－6　2006 年以降の「新 UNIFIL」の状況 72

4－7　UNIFIL を振り返って 73

第5章　複合型国連平和維持活動のケース
―国連東ティモール暫定統治機構（UNTAET）― 78

5－1　東ティモール問題の起源と UNTAET の設立 78

5－2　UNTAET の安全保障の問題 80

5－3　難民帰還と和解・融和の問題 87

5－4　UNTAET の警察業務および法執行部門の問題 90

5－5　UNTAET の統治（ガバナンス）部門の問題 95

5－6　国家構築型 PKO としての UNTAET から得た教訓 99

5－7　その後の東ティモールと UNTAET の総括 100

目　次 ◎── ix

第6章　武力行使型国連平和維持活動のケース
―コンゴ国連活動（ONUC），国連コンゴ民主共和国ミッション（MONUC）そして国連コンゴ民主共和国安定化ミッション（MONUSCO） ─────── 106

6-1　国連史上初の平和執行部隊としての国連コンゴ活動（ONUC）……………………………………………107

6-2　市民保護としてのMONUC …………………………111

6-3　MONUSCO（国連コンゴ民主共和国安定化ミッション）とForce Intervention Brigade（介入旅団：FIB）…………120

6-4　武力行使型PKOを成功させるには―コンゴのケースを教訓にして………………125

6-5　コンゴの武力行使型国連PKOを振り返って…………130

第7章　国連平和維持活動と貢献国との現在の課題
―欧州諸国の「国連PKO離れ」の問題― ───────── 136

7-1　貢献国の「貢献する根拠」………………………………136

7-2　欧州諸国に見る先進国の「国連PKO離れ」……………141

7-3　ポストISAF期における欧州諸国のPKO戦略：欧州諸国は国連PKOに回帰すべきか……………………154

7-4　欧州部隊の国連PKOでの新たなチャレンジ：アフリカ・マリの国連PKO（MINUSMA）………………165

総　括（結びに代えて） ──────────────── 173

省略形一覧　179
使用文献　183
索　　引　192

第1章

国連平和維持活動の定義，設立背景，および概念

1−1 国連平和維持活動とは？

　国連平和維持活動（国連 PKO）は，2017 年現在世界 16 の国・地域に派遣されている。過去に派遣されたものを含むと国連は 71 もの国連 PKO を設立してきた。現在その規模は，軍事要員 87,546 名，警察要員 13,200 名，文民要員 18,243 名の合計 118,989 名であり，この 10 万人以上の "peacekeeper" たちが国際平和の維持のために貢献している。1988 年，国連 PKO は，その永年の功績を国際社会から広く評価され「ノーベル平和賞」が授与された。

　しかしこの国連平和維持活動は，国連設立時から入念な計画・準備の下でつくられた国連による「肝煎りの」活動ではない。さらにこの「平和維持活動」という言葉は，国連憲章上に規定されている言葉でもない。国連平和維持活動は国連創立時の大国主導の「集団安全保障」の制度が頓挫し，その結果即興的につくり上げられた一連の国連活動を指して 1960 年に入ってから用いられるようになった新しい概念である。元京都大学教授の香西茂によると，この平和維持いわゆる英語でいう peacekeeping という言葉が国連の用語として一般化するきっかけとなったのは，国際裁判所が 1962 年 7 月 20 日に出した「国際連合のある種の経費」に関する勧告的意見であるとしている。裁判所は，その意見の中で，1956 年のスエズ動乱の際創設された国連緊急隊（UNEF）の活動を指して，「関係国の要請または同意に基づく平和維持活動（peace-keeping operation, at the request, or with the consent, of States concerned）」という表現を用いた。そしてそれ以来この「平和維持活動」という用語が普及することとなった

という[1]。

　このように peacekeeping という言葉ができたきっかけとなったのは 1956 年に設立された UNEF であるが，一方で現在の PKO の歴史を紐解く場合，その最初の活動は 1948 年に中東パレスチナの地に派遣された国連停戦監視機関（UNTSO）であるという見解が主流である。確かに PKO の歴史を振り返ってみた場合，その定義に合った活動をしていたのは UNTSO であるが，本格的にその活動が国連のなかで主流化したのは，スエズ危機という国際問題を解決した UNEF である。そして UNEF の成功をもとにその後国連 PKO が国連のみならず，国際社会から広く認知されたという点では UNEF は国連 PKO のパイオニアともいえよう。

　それでは国連 PKO とはどのような活動であろうか。1978 年，アメリカのインターナショナル・ピース・アカデミー（International Peace Academy）は，PKO を次にように定義している：「国際的に組織された平和的な第 3 者の介入による国家間，もしくは国家内における敵対行為の予防，封じ込め，緩和，及び停止を目的とし，その際には平和の回復もしくは維持のために多国籍からなる兵士，警察官，および文民を使用する」[2] つまり PKO の目的は，基本的には 2 つの国家や武装集団が停戦合意に達したものの，いつ交戦状態に戻るかわからない政情不安定な状況が続いているところに，いわゆる緩衝地帯（buffer）を築くことである。そしてその敵対意識をエスカレートさせ停戦協定を破るような行為を防ぎ，2 度とその地域に戦争を起こさせないようにすることである。国連 PKO は，自らの軍事力を使用しながらも，受け入れ側との信頼醸成体系を構築することによってその目的を達成する。それゆえ伝統的 PKO の活動内容は，派遣地域のパトロール，休戦協定違反の防止，調停者としての解決の努力などである。

　伝統的な PKO の主要な任務は，まず派遣地域のパトロールをすることによって地域の安全を維持していくことである。通常パトロールをする地域は，広大であり，市街地であることもあれば，ジャングルのなかのようなところもある。また PKO 兵士は，パトロール中住民と積極的に話し合い，安全確保のためにさまざまな情報を収集することも重要である。また戦略的に重要な場

所，あるいは敵対する側の地域につながる主要幹線に，チェックポイントという，いわば関所のような場所を設けて，通行者や通行車両の所持物を検査して，さまざまな尋問をしていく。そうすることによって武器の密輸などを予防できる。また見晴らしの良い場所にオブザベーションポストという場所を設けて，1日に数回にわたりその場所で，武装集団の交戦につながる不審な行動がないかを監視をする。

　伝統的なPKOの活動は，大きく「軍事監視団」と「平和維持隊」に分かれる。「軍事監視団」は，通常100名以内の将校で構成され，停戦監視，境界線の設定，違法侵入の監視，休戦協定遵守の監視などが主要任務である。一方「平和維持隊」は，通常数百名の兵士を1単位とする歩兵部隊の数単位から構成され，「軍事監視団」よりは政情不安定な地域において，より活動的な任務を行い，オブザベーションポストやチェックポイントの配置，およびパトロール業務が主任務となる。

　PKOは，「平和をつくる」のではなく，文字通り「平和を維持する」ことを目的としているために，その効果を具体的な数値をもって見ることはできない。しかし目に見える効果はなくとも，危険性の軽減，安定化，その地域の紛争問題への間接的な援助をPKO活動の効果のなかに認めることができる。また国連という，国際的に公な機関がPKOを通して介入するので，武装集団も当時国家も「顔をつぶすことなく」撤退して休戦交渉のテーブルにつくことができる。「国連がいっているので仕方がなく撤退するのだ」という理屈である。また，ポール・ダール（Paul Diehl）教授は，PKOの持つ道徳的，人道的効果を指摘している。すなわち，PKOという国際的に認められた権威ある「関所」を力ずくで通り越して，PKO兵士に危害を与えてまでして相手方と交戦状態に戻すのは，相当な国際的な批判を覚悟しなくてはいけないということである[3]。

1-2 国際社会における国連平和維持活動誕生の背景
─政治大国主導の国連集団安全保障体制の限界

　それでは国連平和維持活動が誕生した背景には，国際社会におけるどのような実情があったのであろうか。これに関しては，政治大国主導の国連集団安全保障体制の限界があげられる。

　第2次世界大戦の連合国軍を率いたアメリカ，ソ連，イギリス，フランス，中国を常任理事国とする国連の安全保障理事会は，国連における国際安全保障を維持するための主要機関として設立された。新しい国連における安全保障体制は，その国連憲章に記されているように，その前身の国際連盟より精錬されているといえる。たとえば，安全保障理事会に与えられた権限に関していえば，国連憲章6章（紛争の平和的解決），7章（平和に対する脅威，平和の破壊および侵略行為に関する行動），8章（地域的取極），および12章（国際信託統治制度）に規定されている国連の任務において，安全保障理事会は主要な権力を有している。

　安全保障理事会は，とりわけ国連憲章7章を中心とした任務を遂行することを強く要求された。そして安全保障理事会が平和執行活動を有効に実施するにはいくつかの条件を前提とする。それらの条件とは，安全保障理事会と国連加盟国との間で取り付けられた合意による国連軍の派遣や，「平和に対する脅威，平和の破壊および侵略行為に関する行動」に対応すべく安全保障理事会の常任理事国内での友好的な協調体制などである。しかし現実問題としてそのような条件が満たされることはなかった。

　設立後の安全保障理事会の最初の任務は，軍事協定，とりわけ国連憲章で定められた軍事参謀委員会による安全保障理事会が設定する国連軍の規模の決定であった。これに関して，アメリカは一般的に破壊力のある相対的に大規模な軍備を提案した。またアメリカは国連軍の構成，編成，指揮，配置などは柔軟性を含ませるべきであると主張した。一方ソ連は，国連軍に大規模な軍備は必要とせず，その構成については常任理事国が均等に軍隊を派遣すべきであると主張した。またソ連は国連軍が派遣される明確な規準を定義すべきであると主

第1章 国連平和維持活動の定義，設立背景，および概念 ◎—— 5

張した。このような安全保障理事会の討議から，アメリカとソ連の間での国連軍のあり方に関する意見の不一致は明確になった[4]。

アメリカ・ソ連の関係が悪化するにつれて，安全保障理事会内で国連軍に関する討議をすることは無意味なものになっていった。さらに東西冷戦構造が顕著になるにつれて，安全保障理事会はその任務を果たすための効果的な政策や行動をとることが不可能になっていった。国連憲章は，その設立時には想像できなかった欠陥を見出すことになったのである。その欠陥とは国連憲章には，安全保障理事会の常任理事国同士が紛争に直接関与する事態に対して何の規定も設けられていなかったことである。前国連事務次長のブライアン・アークハート（Brian Urquhart）も「国連憲章は，設立以前における悲惨な戦争や紛争をもとにして作られており，第2次大戦後の国家間の力関係を正確に予測できていないのは驚くに値しない」[5]と述べている。

第2次大戦後において大国間の軍事バランスも保たれることが困難になっていった。アメリカの総軍事要員は，1945年においてはおよそ1,200万であったが，1946年には150万にまで減少している。イギリスも同様に1945年時には150万から，1949年には75万にまで減少した。このような減少傾向に対して，ソ連の同時期（1940年代後半）の総軍事要員は300 − 400万は下らなかったと予測されている[6]。

超大国がお互いに争いを演じている限り，安全保障理事会は有益でないということは，拒否権の発動によっても明確になった。アメリカに有益になる安全保障理事会の決議はソ連によって拒否権が発動され，ソ連に有利な決議に対してはアメリカの拒否権が発動された。国連設立初期における国連決議の投票行動を振りかえると，アメリカ主導の西側諸国の勢力が，ソ連やその衛星国家のそれよりも遥かに大きいことがわかる。国連総会においては当初の加盟国50カ国のうち，アメリカ自身を含めなくとも少なくとも36カ国の賛成票を西側諸国は見込むことができ，よって全体の3分の2の支持を保障することができた。ソ連側からの見方によれば，当時の国連は「アメリカ国務省の支流のひとつ」であり，「アメリカの投票製造機」であり，それによりソ連やその衛星国家は孤立し，希望薄の少数派へと追いやられた[7]。その結果，1955年には，

国連安全保障理事会における拒否権は年間を通して 79 回発動されたが，その
うち 77 回はソ連によるものである。1948 年 11 月の国連委員会においてビシ
ンスキー（Vishinski）は，「拒否権が世界における力の均衡を保っている」とさ
え述べた[8]。

　要約すれば，国連の安全保障理事会常任理事国は，長期的な視野を持ち相互
間の和解や協力体制を促進することよりも，東西冷戦にかかわる短期的な紛争
問題に対応することに多大な関心を示すようになったということである。しか
もそのような紛争問題に関しても拒否権の発動によって国連や大国が関与する
ことは困難であった。たとえば 1946 年 12 月ギリシャ北部において，東欧の共
産主義国家がギリシャの共産ゲリラに軍事物資の援助を行い，ギリシャ全体の
安全保障が脅かされた。その際にギリシャ政府は国連安全保障理事会に対して
国連憲章 7 章に基づいてそのような援助活動を停止させるよう要求したが，そ
の決議はソ連の拒否権によって否決された。また同時期においてインドネシア
におけるオランダとインドネシア軍との交戦状態の際に，ソ連が警察業務の目
的で軍隊の派遣を示唆したが，アメリカとイギリスが安全保障理事会において
強く反対をした。同様に 1948 年，アラブおよびユダヤ人の対立を原因とする
パレスチナ問題において，安全保障理事会が迅速な対応を要求したが，西側諸
国とソ連相互の不信感からその効果的かつ迅速な介入が阻まれたのである[9]。

　1950 年に勃発した朝鮮戦争においては，ソ連が決議の採決をボイコットし
たために国連軍の設立が実現された。しかしその国連軍の現地における戦略や
戦術に関するほぼすべての決断は，アメリカの大統領官邸（ホワイトハウス）あ
るいは国防省（ペンタゴン）でなされた。このような状況において，国連事務総
長であったノルウェーのトリグブ・リー（Trygve Lie）が果たした役割はほとん
ど何もなく，ソ連は彼を公平な事務総長ではないと批判をした。リーは結果的
に辞任に追い込まれた。またこの朝鮮戦争において多くのアジアの小国は，中
国に対する国連軍の集団的軍事制裁に対して多大な抵抗を示した。これらの
国々はその後，東西冷戦下においては非同盟諸国として中立な立場をとった。
朝鮮戦争は我々国際社会に新たな教訓を与えた。すなわち国連憲章 7 章に基づ
く強制措置による介入者は，中立性を失った，新たな別の武装集団になり，そ

第 1 章　国連平和維持活動の定義，設立背景，および概念　◎── 7

れは敵対行為を増大させるにすぎない，ということである。このような状況において，現実的に期待のできる国際的集団安全保障体制を構築するのは困難である[10]。

　安全保障理事会による集団安全保障体制の機能を麻痺させた決定的な出来事は，1956 年のスエズ危機であった。これは安全保障理事会の常任理事国であるイギリスとフランスがイスラエルと共謀して，スエズ運河の国有化宣言をしたナセル大統領率いるエジプトに武力介入した事件である。この緊急事態に対してアジア・アフリカ諸国は無力であり，アメリカはその盟友たるイギリス，フランスの「不祥事」に当然ながら及び腰であり，またソ連も単独行動に出るほどの国力はなかったのである[11]。何よりも世界の警察官たるこの 2 超大国（イギリスとフランス）のアフリカ 1 小国（エジプト）への武力介入は，それまでの国連安全保障理事会主導の国際安全保障体制の限界を意味した。

　このスエズ危機のほかにも，たとえば中国のビルマへの介入，フランスのインドシナへの介入，アメリカのベトナムへの介入，ソ連の東欧諸国やアフガニスタンへの介入を鑑みると，安全保障理事会の常任理事国は，常に正統的な世界の警察官であるとは限らないことが理解できる。さらにそのような常任理事国が小国家の安全保障を脅かすようなことがあっても，ほかの常任理事国のメンバーが中立性をもって介入するとは考えにくい。

　総括すれば安全保障理事会の集団安全保障体制に限界が生じていたのは明らかであった。今や大国主導の集団安全保障に代わる新しい紛争解決手段の構築が急務となった。その新しいシステムとは，完全な中立性や公平性を保ち，かつ大国の軍事力を主導とするのではなく，小国や中流国家が介入できるものあることが理想とされた。それが国連平和維持活動にあたるのである。

1 － 3　ピアソン，ハマショールド，そして UNEF I

　国連 PKO のパイオニアとなる第 1 次国連緊急隊（UNEF I : 1956-67）は，中流国家（ミドルパワー）からの 2 人の政治家による偉業によってもたらされた。その 2 人の政治家とは，カナダのレスター・ピアソン（Lester Pearson）外相とス

ウェーデン出身のダグ・ハマショールド（Dag Hammarskjold）国連事務総長であった。

1956年7月エジプトのガメル・ナセル（Gamel Nasser）大統領は，アメリカのナイル川におけるアスワンダム建設計画に対する財政援助の打ち切りの報復手段として，スエズ運河株式会社の国有化を宣言した。イギリスとフランスは，イスラエルとともにエジプトへの武力介入を企て，1956年10月中旬にまずイスラエルがエジプトに武力攻撃を開始した。そして1956年10月31日，イギリスとフランスの両国自らもエジプトに対して空爆を開始した。

この紛争に対して国連安全保障理事会が招集されたものの，その常任理事国（イギリスとフランス）が直接の当事者であったために，同理事会ではその機能が麻痺する状況になった。このスエズ危機に対して，ソ連がエジプト側を援護すべく介入を示唆するようになり，軍事大国を巻き込んだ大規模戦争に拡大する懸念が生じた[12]。そしてこのような状況下，安全保障理事会の代わりに，国連総会決議997（ES-I）が採択され（これを「平和のための結集決議」という[13]），早急な休戦，すべての軍隊の休戦ラインまでの撤退，そしてスエズ運河の再開が要求された。しかしカナダはこの決議の内容が十分であると考えず，この決議を棄権した。ピアソンは，この国連決議のなかに国連による平和的な解決手段が折りこめられていないことを不満とした。その平和的な解決手段がなければ，それは一時的な休戦にすぎないとピアソンは考えたからである。そこでピアソンはハマショールド事務総長にイスラエル・エジプト国境沿いの安全確保が可能な規模の国連平和維持隊を設立する権限を与え，その平和維持隊の展開中にイスラエル・エジプト政府間による平和的解決がなされることを望んだ[14]。

ピアソンとハマショールドは，アメリカのジョン・フォスター・ダラス（John Foster Dulles）国務長官にこの平和維持隊の実現のために，採択されたばかりの国連総会決議997の実行を遅らせるよう促した。ダラスそしてアイゼンハウアー米大統領もそれに承諾した。アメリカも，ピアソンが描いていたこの構想が具体的に提案されることを望んだ。イギリスもピアソンの提案を歓迎した。イギリスもフランスも大国としてのプライドもあり，よって国連による平

第 1 章　国連平和維持活動の定義，設立背景，および概念　◎——　9

和維持隊でなければ，国連決議に従いスエズ運河から撤退することはなかった
と考える。

　ピアソンの計画は，自身のカナダ政府からも大いなる支持を受けた。カナダ
のサン・ローラン（St. Laurent）首相は，国連平和維持隊の設立を提案する国連
決議を通して，カナダはこの問題の先導的な役割を望んだ[15]。

　ピアソンが提出した総会決議 998（ES-1）は，関係国政府の合意を得ながら
も，シナイ半島における関係国軍の敵対行為停止の監視を行う国連平和維持隊
の設立の構想を 48 時間以内に国連事務総長がたてることを要求したもので
あった。この決議は，賛成 57，反対 0，棄権 19 で採択された。そしてハマ
ショールド事務総長も彼のエネルギーのすべてを UNEF I の設立に捧げた。
このハマショールドの UNEF I 設立の過程において注目すべきことは，彼は
国際社会においてまったく新しい類の危機管理システムを構築する上でも，彼
はすでに「合意」「中立」「最小限度の武装」といったその後の PKO 活動の基
本原則について大きな価値を見いだしていたということである。たとえば，エ
ジプトのナセル大統領との交渉はハマショールドにとって最も困難な任務で
あったが，その際にも，平和維持活動を長期にわたって持続させるためにも，
UNEF I の機能に武力的で強制的なものが付け加えられることはしないと強調
した[16]。ハマショールドはナセル大統領と，The Good Faith Agreement を締
結し，ナセル大統領に UNEF I の行動にある一定の自由な裁量を認め，自ら
の行動範囲に制限を加える一方，UNEF I に対しても必要あらばいつでも撤退
を要求できる権限も与えた[17]。

　そして遂に 1956 年 11 月 5 日の総会決議 1000（ES-I）では，UNEF I の軍事
司令官が任命され，同決議 1001（ES-I）では，UNEF I の最終報告のなかで
UNEF I の編成や諸機能は承認され，UNEF I の発足が正式に決定された。こ
の総会決議に対して，UNEF I に部隊の提供を申し出た国々は 24 カ国に上っ
たが，受諾されたのは，ブラジル，カナダ，コロンビア，デンマーク，フィン
ランド，インドネシア，ノルウェー，スウェーデン，ユーゴスラビアの 10 カ
国であった[18]。

　このように平和維持活動のパイオニアとなった UNEF I は，常任理事国が

直接紛争に関与したために安全保障理事会の機能が麻痺し，米ソの2超大国も身動きが取れない状況のなかで，ミドルパワーである中流国家代表の2人の政治家の野心と努力によって設立された。ここでいう中流国家であるカナダとスウェーデンは，アイルランドや北欧諸国などとともに，その後の国連PKOへの主要な要員派遣国として重要な役割を果たした。

1−4　伝統的な国連平和維持活動の概念

　ハマショールドは，国連を病院でいえば患者に対する医者ではなくむしろ看護師にたとえている[19]。看護師は，初めての患者に対して初期検査にあたり，医者に指示された範囲で看護にあたる。また簡単な応急処置にも対処をする。しかし大掛かりな応急処置，治療および手術を自ら行うことはない。国連PKOもこのハマショールドの概念に適用される。国連PKOは紛争解決の主役にはなれないのである。それは，紛争は軍事的に解決するのではなく政治的に解決されるべきだからである。すなわち国際紛争は，PKOではなく紛争地域の政治家が解決するべきものなのである。つまり政治家が病院の医者に相当するのである。PKO研究の世界的権威であるアラン・ジェイムス（Alan James）がいうように「PKOは補助的なもの」である[20]。

　伝統的なPKOの基本原則は，「合意」「中立」そして「最小限の武装」である。まずPKOは当事国側の政府もしくは武装集団から派遣の合意を取り付けなければならない。この合意がなければ，PKO兵士の安全は保障できず，兵士を送る貢献国の政府側もその派遣を承認することは難しい。当事国側の前向きな姿勢によってPKOの適切な行動が可能になる。また受け入れ側は，PKO兵士にその領域内での活動の自由を認めることなど，国連の活動に対して全面的な支援が要求される。

　また伝統的PKOは，どの武装集団にも中立でなければならない。もしPKOがこの中立性をなくした場合には，このPKOは自ら新たな別の武装集団に成り変ってしまう。そうなれば，両者に多大な犠牲者を出してしまうのはいうまでもない。

第 1 章　国連平和維持活動の定義，設立背景，および概念　◎── 11

　さらに PKO 兵士の武器携帯は，自己防衛のためのみの最小限の武装に限られている。すなわち通常はライフルのみであり，通常の軍用車を移動や輸送に使用し，戦闘行為に使う大砲，戦車，戦闘機などは使用しない。そのライフルでさえも自分の身の安全を脅かす対象の者が出現してきたときのみに使い，その際もまず，空に向かい数発の威嚇発砲をしてからでないとその対象物に向かってライフルを使うことは許されない。それゆえ PKO 兵士は，競技場の（選手ではなく）レフリーにたとえられることがしばしばある。レフリーは，選手と比べるとその数も圧倒的に少なく，その物理的な力を誇示することもない。しかしレフリーは中立な媒体として絶対的な権威を持っているのである。PKO 兵士もその活動地域において同じような役割を果たしている。

　国連憲章作成時において国連 PKO はまだ設立されていなかったために，PKO の法的根拠なるものは存在しない。しかし国連憲章に適用してみると，PKO はその特質上，第 7 章（平和に対する脅威，平和の破壊及び侵略行為に関する行動）に相いれられるものではなく，第 6 章（紛争の平和的解決）に近いものである。よって PKO は，国連憲章 6 章または「6 章半」の活動であるといわれている。

　ハマショールドはまた PKO の非政治的な特質も指摘している。すなわち UNEF I は，敵対する国家間（エジプト対イスラエル）での軍事バランスや国際社会における政治的バランスに影響されるべきではないとしている[21]。

　さらにハマショールドは，PKO は新たな紛争状況が生じた場合に，その都度その要員を派遣すべきであり，いわゆる予防機能としての PKO 派遣が望ましいとしていない。よって PKO は，待機軍のようなものを常設するのではなく，状況に応じて即興的に設立される特質を持つべきであるとハマショールドには考えられた[22]。また彼は，PKO は活動地域においては活動範囲が拘束されるものではなく，活動の自由が与えられるべきであるとし，そのために必要な設備も適切に配備されるべきであると述べている[23]。

　このような PKO の基本的な概念は，1958 年 6・7 月における国連レバノン監視団（UNOGIL）の活動において最終的に確立されたといわれている。その当時イランにクーデターが勃発し，レバノンの安全状況も悪化した。アメリカ

はそのクーデターがソ連から援護を受けていると断定し，クーデターの影響が
レバノンにも及ぼされることを恐れ，自らのアメリカ海軍をUNOGILに組み
入れることを要請した。しかしハマショールドと安全保障理事会は，アメリカ
軍が混成したUNOGILでは，その独立や中立性が損なわれるとして，アメリ
カからの要請を断り，その代わりにUNOGILの兵力の増強を決定した。

　この決断は，PKOの伝統的な原則や概念を確立する上で重要であったとさ
れている。もし国連がUNOGILにおいてアメリカの介入を許してしまってい
たら，この活動はより政治的になり，より強制力が増した活動になり，その中
立性は損なわれていたであろう。特筆すべきは，国連は，UNEF Iにおいては
イギリスおよびフランス軍，そしてUNOGILではアメリカ軍という大国の軍
事介入を阻止したということである。

　総括すれば，PKOの本質は，非強制的であり，補助的であり，中立的であ
り，非政治的であり，そして即興的である。それは，PKO兵士と受入国との
間で相互の信頼や良好な協調関係によってその効果や効率性が向上されるので
ある。

【注】

1）香西茂『国連の平和維持活動』有斐閣1991年 p. 2
2）International Peace Academy, *Peacekeeper's Handbook,* New York 1978, p. III/4
3）Diehl P. F. *International Peacekeeping* (Baltimore and London：The Johns Hopkins University Press, 1993), p. 29
4）Goodrich L. *The United Nations* (London：Steven and Sons, 1960), p. 165
5）Urquhart B. "International Peace and Security：Thought on the Twentieth Anniversary of Dag Hammarskjold Death", *Foreign Affairs*, Vol. 60, No. 1, 1981, p. 7
6）Hiscocks R. *The Security Council* (London：Longman, 1973), p. 68
7）Rudzingski A. "The Influence of the UN on Soviet Policy"
8）Johnson J. E. "The Soviet Union, the United States and International Security", *International Conciliation*, February 1949
9）Goodrich L. p. 166
10）Fabian L. L. *Soldiers without Enemies* (Washington D.C.：The Brooking Institute,

第 1 章　国連平和維持活動の定義，設立背景，および概念　◎——　13

1971)，p. 2

11）James A. *Politics of Peacekeeping* (London：Chatto and Windus, 1969)，p. 2

12）高井晋『国連 PKO と平和協力法』東京 真正書籍，1995 年，p. 33

13）「平和のための結集決議 "Uniting for Peace" resolution」とは，国連安保理の運営が拒否権の乱発などによって麻痺した場合に国連総会の特別緊急会を招集して議決を行うことができる制度

14）Lash J. P. *Dag Hammarskjold* (London：Cassell and Company, 1961)，p. 84

15）Pearson L. *Memoirs Volume II 1948-57* (London：Victor Gollancz, 1974)，p. 246

16）Urquhart B. *Hammarskjold* (London：The Bodley Head, 1972)，p. 160

17）Ibid. p. 191

18）香西茂『国連の平和維持活動』有斐閣，1991 年，p. 80

19）Diehl P. F *International Peacekeeping* (Baltimore and London：The John Hopkins University Press, 1993) ，p. 29

20）James A. *Peacekeeping in International Politics,* (London：Macmillan, 1990) p. 1

21）Hammarsjold D. "The UNEF Experience Report" in Cordier A. W. and Foote W. (eds.), *The Public Papers of the Secretary-General of the United Nations, Vol. 5: Dag Hammarsjold 1958-1960* (New York：Columbia University Press, 1974), p. 284

22）Ibid. p. 280

23）Ibid. p. 283

第2章

東西冷戦時代の伝統型
国連平和維持活動の実例

　ここでは，東西冷戦時代に設立された伝統型国連平和維持活動のケースについて簡単に紹介する。

2-1　シナイ半島の国連PKO①：UNEF I

　まずは前述した第1次国連緊急隊（UNEF I）のシナイ半島の最初のケースである。前述したようにUNEF Iは，イスラエル・エジプト国境沿いの安全を監視する国連で最初の平和維持隊である。UNEF Iの任務は大きく4つあった。それは，1）英・仏・イスラエル軍とエジプト軍との間に「緩衝地帯」を構築することによって休戦協定を監視すること，2）外国軍隊のエジプトの領土からの撤退を監視すること，3）イスラエル・エジプト間の国境をパトロールをし他軍の侵入を防ぐこと，4）エジプト・イスラエル間の休戦協定を維持することである。10カ国約6,000名から構成される国際軍は初めての試みであった。UNEF Iの最高司令官は，1948年の第1次中東戦争の停戦監視を行い数百名の監視団からなる国連休戦監視機構（UNTSO）の最高司令官であったカナダのバーンズ（E.L.M. Burns）中将が任命された。

　UNEF I設立に先立ちハマショールド国連事務総長とナセル・エジプト大統領との間で「良き信頼に基づく協定（The Good Faith Agreement）」を交わした。この協定では，エジプト政府の合意なしではUNEF Iの駐留は要求されることはないとし，国連側もその任務が完了するまでUNEF Iの駐留に対する前向きな意思を持ち続けることを確約するものであった。

　イスラエルは休戦協定を承認せず，またUNEF Iの存在を否定はしなくと

第2章　東西冷戦時代の伝統型国連平和維持活動の実例　◎——15

も積極的に受け入れるものではなかった。よってイスラエル・エジプトの国境沿いの停戦監視任務においても，イスラエルは UNEF I のイスラエル側での駐留は認めず，よって UNEF I はエジプト側のみでの配置となった。

　休戦協定が締結されると UNEF I の任務は4つの段階に分類された。まず第1の段階は，1956年11月12日から同年12月22日まで期間であり，UNEF I の任務はイギリス・フランス軍がスエズ運河からの撤退を監視することであった。また UNEF I はエジプト政府そしてイギリス・フランス間において双方850名におよぶ戦争捕虜や勾留者の解放にも貢献した。この間 UNEF I は，地雷除去の業務のほかに休戦協定違反の調査，密入国者や行方不明者の調査も行った。

　第2段階は，1956年10月から1957年3月までの期間であり，UNEF I はイスラエル軍のシナイ半島からの部分的な撤退を監視した。同様に第3段階は1957年3月であり，UNEF I はイスラエル軍のガザとシャルム・エル・シェイクからの完全撤退を監視した。この両段階における UNEF I のイスラエル軍撤退の監視業務は困難を極めた。休戦ライン付近では，多数の不法侵入や両者からの砲撃に遭い，多くのパレスチナ難民が発生し，難民たちは国連パレスチナ難民救済事業機関（UNRWA）によって援助・保護を受けた。

　第4段階は，1957年3月から1967年5月の期間であり，この期間はすべての外国部隊がエジプト領土から撤退した後であった。そこで UNEF I の任務は，全長273キロにわたる国境沿いにおいて，両者からの敵対行為を予防するというものであった。この国境ラインに72の監視ポストを配置し，5～7名で1グループを構成する平和維持隊が夜間に情勢不安定な地域においてパトロール業務を行った。この間 UNEF I の精力的な活動によって，この国境付近は比較的安定した状況が保たれた[1]。

　そしてこの最終第4段階の後に，1967年5月16日に UNEF I は，エジプト政府にシナイ半島からの撤退を要求された。これはイスラエル・シリア間で緊張が高まり，イスラエルとアラブ諸国間での戦争，いわゆる中東戦争の勃発をエジプト政府が予期し，シナイ半島に駐留する UNEF I の存在が好ましくないと判断したためである。ハマショールドの後継者であるウ・タント（U

Thant）国連事務総長も，The Good Faith Agreement に則りエジプト政府の要求に応じた。そして 1967 年 5 月 29 日に UNEF I はシナイ半島から撤退を開始した。その後 6 月 5 日には第 3 次中東戦争が勃発したのである。撤退時のUNEF I の軍事要員は 3,378 名で，11 年間の UNEF I の任務における死亡者数は 90 名であった。

　最初の国連平和維持隊としての UNEF I の果たした役割は大きい。1957 年10 月の国連総会で，ハマショールド国連事務総長は「UNEF I の限られた権威と，シナイ半島での未解決の問題の中で，UNEF I が効果的でなかったと疑う理由は見当たらない」と UNEF I を絶賛している[2]。

　一方で UNEF I の撤退の直後に第 3 次中東戦争が勃発したこともあり，UNEF I は「紛争を一時的に凍結させているにすぎない」という批判もあった。しかしながら他方では，UNEF I は，その存在がなければ多発したであろう小さな紛争を未然に防ぎ，UNEF I の駐留によってエジプト・イスラエル双方が国境を超えるような挑発行為が慎しまれたであろうと考え，その積み重ねが大きな紛争の可能性を摘んでいたとも考えるのが妥当であろう。

2－2　シナイ半島の国連 PKO ②：UNEF II

　第 2 次国連緊急隊（UNEF II）は，1973 年 10 月エジプトとシリアがイスラエルにおこなった奇襲攻撃により勃発した第 4 次中東戦争を契機として設立された。シナイ半島の平和を維持するために設立した UNEF I と UNEF II は中東戦争が常に関連していることがわかる。すなわち UNEF I は，1956 年の第 2次中東戦争後のシナイ半島の安定のために設立され，1967 年の第 3 次中東戦争が起こったために撤退を余儀なくされた。そして UNEF II は 1973 年の第 4次中東戦争後の中東の平和維持のために設立されたのである。

　1973 年 10 月 6 日はユダヤ暦で最も神聖な日「ヨム・キプール（贖罪の日）」であり，イスラム教にとっても「ラマダン（断食）月」であった。奇襲攻撃を受けたイスラエルが対応に遅れる一方，アラブ軍はソ連から供与された武器が功を奏し，この第 4 次中東戦争において一時はアラブ軍が優勢であった。しか

しイスラエルはアメリカから最新鋭の武器の支援を受け，また予備役部隊も効果的に展開された。同年10月22日国連安全保障理事会決議338（1973）によりイスラエルに優位な形で停戦が成立するも，実質上戦闘状態は続いた。エジプトのアンワル・サダト（Anwar Sadat）大統領は，アメリカとソ連に米ソ合同の軍隊を派遣しイスラエル軍の撤退させるよう要求した。この時点でアメリカは，CIAの情報によりソビエトが軍事進攻の準備段階に入っていることを確認した。よってアメリカがこのサダト大統領の要求を固辞し，その結果10月25日国連安保理決議340（1973）によりUNEF IIの設立が採択された。このことによってソ連軍のシナイ半島への軍事介入が阻止されたということになる[3]。このUNEF IIの設立に至っては，エジプト・イスラエル双方の承認が必要であったが，その承認を取り付けるまでにはアメリカのヘンリー・キッシンジャー（Henry Kissinger）国務長官の双方への交渉，いわゆる「シャトル外交」が多大な貢献を果たした。

　また同様に非同盟諸国の多くも米ソの軍隊に代わってUNEF IIを駐留させることを希望した。彼らは，超大国である米ソの軍隊の中東への軍事介入の危険性，それがもたらす米ソの軍事対決の可能性への危機感を懸念したのであった[4]。なお，このUNEF IIと同様に第4次中東戦争後のイスラエルとシリアのゴラン高原における敵対行為の再発防止のために，1974年6月に国連兵士引き離し監視隊（UNDOF）が設立された。

　UNEF IIの任務は，スエズ運河周辺地帯とシナイ半島におけるエジプト・イスラエル間の停戦の維持・監視，戦闘行為の再発防止，兵力引き離しと兵力制限の査察であった[5]。UNEF IIの軍事要員は7,000名と定められた。この軍事要員は，12の派遣国すなわちオーストリア，カナダ，フィンランド，ガーナ，インドネシア，アイルランド，ネパール，パナマ，ペルー，ポーランド，セネガル，スウェーデンの軍隊から構成された。UNEF I同様にUNEF IIにおいても国連安保理の常任理事国からの要員派遣は見送られた。

　そしてUNEF IIの任務もUNEF I同様に次の4段階に分類される。

　第1段階は1973年10月から1974年1月までの期間であり，UNEF IIの主な任務は国連安保理決議340（1973）における停戦決議を遵守すべく，エジプ

ト・イスラエル両軍を監視することであった。しかしながら 1973 年 10 月エジプト軍と，とりわけイスラエル軍による砲撃は深刻であり，両国間の全面戦争の再開が危惧された。アメリカ政府の仲介によりこの危機は脱することができた。同年 11 月 11 日にはエジプトとイスラエル間で新たな合意に達し，UNEF II はスエズ周辺地域およびエジプト軍に食料，水，薬品などの救援物資を配布し，国際赤十字（ICRC）の援助のもとで両国の戦争捕虜の解放が行われた。

第 2 段階は，1974 年 1 月から 1975 年 10 月まで，第 3 段階は 1975 年 11 月から 1979 年 5 月までの期間であり，両期間における任務はエジプト軍とイスラエル軍の兵力引き離しであった。第 2 段階においては，1974 年 1 月にエジプト・イスラエル間で第 1 次兵力引き離し協定が締結された。この両軍の兵力引き離しにより UNEF II の任務環境も大いに改善した。その結果，引き離し地域に監視ポストやチェックポイントを設置し，監視ポスト間においてパトロール業務を開始した。また戦争捕虜に対しても人道援助を施した。1975 年 9 月の第 2 次兵力引き離し協定，そして第 3 段階後は，UNEF II の緩衝地帯面積も以前の 4 倍の広さになった。この緩衝地帯にスウェーデン隊，ガーナ隊，インドネシア隊，フィンランド隊が停戦監視業務にあたり，カナダ隊とポーランド隊が兵站業務にあたった。オーストラリア隊は航空業務を担当した。この間の 1977 年 11 月にエジプトのサダト大統領がイスラエルを訪問することにより，エジプトとイスラエルの和平交渉は急激に加速していった。

1979 年 4 月 25 日にエジプトとイスラエルは和平協定を締結した。よって第 4 段階である 1979 年 5 月から 6 月までの期間における UNEF II の任務はイスラエル軍のシナイ半島からの撤退を監視することであった。同年 5 月 25 日和平協定によってイスラエル軍はシナイ半島の北部から無事に撤退した。それとともに UNEF II の各軍隊も 1979 年 7 月に任務を終了した[6]。その後のシナイ半島の平和維持は，非国連部隊であるシナイ半島多国籍軍監視団（MFO）が現在に至るまでその任務にあたっている。

このように UNEF II はその任務を成功裏に終了したのは明らかである。その大きな要因はアメリカの仲介やエジプトのサダト大統領のイスラエル訪問という英断である。前述したように国際紛争は「政治的に解決される」べきであ

り，軍事的に解決はできない。しかしこの政治的解決に至るまでに UNEF II のような停戦監視業務が十分に機能していなければ，その後の外交努力も実を結ぶことは困難であろう。

2－3　キプロスでのケース：UNFICYP

　キプロスは地中海東隅に浮かぶ島であり，トルコから約 70 キロ南に位置する。人口は約 70 万人でありその 8 割はギリシャ系住民，2 割はトルコ系住民が占める。1571 年キプロスはオスマントルコ帝国の一部となり，キプロスは強固なイスラム教の支配下となった。そして 1878 年，大英帝国がトルコに代わって支配する頃になると，ギリシャ系住民がキプロスのギリシャへの統合を求める「エノシス（ENOSIS）運動」が盛んになった。

　20 世紀に入りエノシス運動は暴力的になり，1955 年準軍事的な集団であるエオカ（EOKA）が宗主国であるイギリス当局に攻撃を開始した。1955 年 8 月キプロス問題解決のために，イギリス，トルコ，ギリシャの 3 国外相がロンドンにて会議を行った。この会議ではキプロスの併合を要求するギリシャと，キプロス分割を主張するトルコとの対立が表面化した。この両国の対立は，キプロス内の両系住民の対立を顕著化させた。ギリシャ系住民のエノシス運動に対してトルコ系住民はキプロスを分割または連邦組織に改めることを主張した[7]。キプロスでのギリシャ系住民とトルコ系住民間の緊張は，1963 年 12 月 21 日首都のニコシア北部での両者間の武力衝突に発展した。ギリシャもトルコも北大西洋条約機構（NATO）のメンバーであるために，キプロスの問題は NATO 軍の介入で解決を図られたが，アメリカの派兵への消極的な姿勢やキプロスのマカリオス（Makarios）大統領の反対もあり，結局国連 PKO の設立で決着を見た[8]。こうして 1964 年 3 月 14 日国連安保理決議 186（1964）が採択され，国連キプロス平和維持隊（UNFICYP）が設立された。その任務は，戦闘再発の防止，法と秩序の維持・回復，正常状態への復帰などであった。同年 4 月下旬には，オーストリア，カナダ，デンマーク，フィンランド，アイルランド，スウェーデン，イギリスが軍事要員を派遣し，さらにオーストラリア，

オーストリア，デンマーク，ニュージーランド，スウェーデンが警察要員を派遣し，UNFICYP の活動が開始された。同年 8 月の総要員数は 6,200 人となりピークに達した。本来国連 PKO に国連安保理常任理事国が参加することは，大国間の緊張を高める可能性があるために自粛されていたが，イギリスのUNFICYP への参加は元宗主国としての責任という意味合いで容認された。一方キプロス政府は，トルコ，ギリシャの両軍軍隊の参加には強く反対をした。

　UNFICYP の兵士が実際の戦闘行為に巻き込まれた例はまれであった。キプロスが同時代に国連が派遣していたコンゴの PKO である国連コンゴ活動（ONUC）と同様に内戦状態であったにもかかわらず，多数の犠牲者を出したコンゴの二の舞を避けることができたのは注目に値する。これには 2 つの理由が考えられる。まず第 1 点目に，UNFICYP は ONUC のケースと異なり，キプロス内戦当事者の間に国連軍の駐留について一定の理解があったことがあげられる。いい換えると PKO の 3 原則である「当事者の合意」がしっかりなされたということである。第 2 点目としては，UNFICYP は ONUC とは異なり，強い軍隊を構成しながらも，武力行使を避け，忍耐強く仲裁，交渉，説得，監視，協議を高い機能で実践したことがあげられる[9]。

　しかしながら 1974 年 7 月 20 日トルコ軍が，キプロス国内のクーデターをきっかけに，海，空から大規模な軍事介入を行った。トルコ軍はキプロス島の約 40％の部分を占める北部地区を制圧した。同日国連安保理 353（1974）が採択され，すべての交戦当事者に対して停戦と自制を呼びかけ，UNFICYP の任務遂行へ全面的協力を要請した。そして翌 8 月には停戦に至った。UNFICYP はトルコ軍とキプロス国家警備隊の停戦ラインに挟まれた緩衝地帯を立ち入り禁止区域として，そこをパトロールをし戦闘の再発防止に努めた。

　また UNFYCIP は民生活動にも努め，緩衝地帯に水資源や電気の供給，農業支援，郵便医療サービス，消火活動，猛獣退治などにも貢献した[10]。

　1983 年 11 月 15 日キプロス国内のトルコ占領地が北キプロス・トルコ共和国として独立を宣言し，事実上キプロス共和国の支配から離れた。

　現在でも UNFICYP は規模縮小をしつつも継続展開されている。キプロスにおける外交上の問題はいまだ解決されてはいないものの，UNFICYP は戦闘

再発の防止，法と秩序の維持・回復，正常状態への復帰など，その基本的な任務を十分に遂行しているといえる。したがってキプロスにおいては政治上の問題が解決されない限り UNFICYP は駐留し続けることになるであろう。

【注】

1) Ghali M. "United Nations Emergency Force I" in Durch W. J. *The Evolution of UN Peacekeeping* (New York：St. Martin's Press, 1993), pp.119-125, United Nations *The Blue Helmets: A Review of United Nations Peace-keeping* (New York：The United Nations, 1990), pp. 70-75

2) Ghali M. "United Nations Emergency Force I" p. 125

3) Ghali M. "United Nations Emergency Force II" in Durch W. J. (ed.) *The Evolution of UN Peacekeeping* (New York：St. Martin's Press, 1993), pp.119-125, United Nations *The Blue Helmets: A Review of United Nations Peace-keeping* (New York：The United Nations, 1990), pp. 134-135

4) 香西茂『国連の平和維持活動』有斐閣 1991 年，p. 222

5) 高井晋『国連 PKO と平和協力法』真正書籍 1995 年，p. 49

6) Ghali M. "United Nations Emergency Force II" in Durch W. J. (ed.) *The Evolution of UN Peacekeeping* (New York：St. Martin's Press, 1993), pp.142-147

7) 香西茂『国連の平和維持活動』有斐閣 1991 年，p. 149

8) Birgisson K. T. "United Nations Peacekeeping Force in Cyprus" in Durch W. J. (ed.) *The Evolution of UN Peacekeeping* (New York：St. Martin's Press, 1993), p. 223

9) 香西茂『国連の平和維持活動』有斐閣 1991 年，p. 169

10) Birgisson K. T. "United Nations Peacekeeping Force in Cyprus" in Durch W. J. (ed.) *The Evolution of UN Peacekeeping* (New York：St. Martin's Press, 1993), p. 233

第3章

ポスト冷戦期の新型国連平和維持活動

3－1　新型国連平和維持活動誕生の国際社会における背景―国内紛争による国家の崩壊と人道的危機

　1980年代の後半から1990年代の前半にかけて東西冷戦が終了し，アメリカ一極の民主主義社会の到来と国際安全保障体制の確立が期待された。しかし現実には「冷たい戦争（Cold War）」が「熱い平和（Hot Peace）」に取って代えられたともいわれている。ここでいう「熱い」とは，一国内における過熱した民族及び宗教紛争のことをさす。

　東西冷戦が終了し，ベルリンの壁が崩壊し，旧ソ連の国々やソ連の衛星国家では次々と民主化革命による内乱が勃発した。ユーゴスラビアでは，対ソ連で団結していた国民意識は解体され，歴史的に複雑な民族感情や宗教感情が表面化し，国内紛争へと激化し，自国は解体された。

　冷戦が終了することにより，アメリカやソ連など政治大国による地域紛争への介入意欲がなくなった。アジア・アフリカにおいてはそれまで冷戦構造のなかで，良い意味で緊張を保っていた秩序が崩壊し，各地で民族・宗教間での紛争が勃発した。たとえばアフリカのソマリアでは，1991年バーレ社会主義政権が崩壊した後に，反政府勢力間での内紛が始まった。新政権に対してアイディード将軍が反発すると，内戦は各地の士族勢力を巻き込みながら全土に広がった[1]。ルワンダでは，フツ族とツチ族における長年の敵対意識が1994年のフツ族のツチ族への大虐殺へとエスカレートした。スリランカでは，仏教徒である多数派シンハラ人とヒンズー教徒である少数派タミル人の民族対立が激化し，1995年以降劣勢のタミル人の過激派組織（「タミル・イーラム解放のトラ」）

が，自爆テロを敢行し抗戦を続けた[2]。

このような国内紛争は，国家間同士の通常戦争とは性質を大きく異にした。国内紛争の特徴としてまずあげられるものは，一般市民の紛争の関与である。国家間の通常戦争において兵士は国家の軍隊に所属している軍人であり，その軍人が戦う相手も相手国の軍人である。しかし国内紛争において兵士になるのは一般市民である。彼らが戦う相手も一般市民である。つまり国内紛争では，一民族，一宗教のアイデンティティーをかけてその民族・宗教に属する者たちが総力をあげて戦うことになるのである。その際には，成人に満たない少年たちが兵士になることも珍しくない。同様に女性や子どもを含めたあらゆるものが攻撃の標的となる。

また国家間の通常戦争では，戦争の前には軍人たちへの適切な訓練や軍事教育が施されるが，国内紛争では兵士たちはそのような適切な訓練を受けることはあまりなく，半ば即興的な状況で紛争に駆り出される。そのような事前訓練や教育の代わりに，「わが民族のために」というような同朋意識，アイデンティティー，さらにはナショナリズムを全面的に押し出し，戦闘意識をあおりたてることが多い。その際にはメディアなどが頻繁に利用される。このように国内紛争においては，兵士を軍事的に訓練するというよりは，洗脳していく方法がとられる。

このように兵士が洗脳されていくことにより，兵士間の道徳的・倫理的感覚は徐々に麻痺していき，戦闘行為はとても残酷なものになっていく。たとえば，銃撃し合う兵士の前に女性や子どもを「人間の盾」としておくという反人道行為も見られた。

またこのような国内紛争は，途上国で発生することが多い。途上国のように教育を受ける機会が十分に受けられないところでは，このような残酷な戦闘行為は防ぎづらいと考えられる。たとえばアフリカのアンゴラでは，政府軍（MPLA）と反政府軍（UNITA）との戦闘により，1993 年から 94 年にかけて 30 万人，1 日換算で 1,000 人もの死者を出す「世界最悪な戦争」となった[3]。このような残酷な戦闘行為は，時には，上述したようなルワンダやボスニアのスレブレニッツアのような深刻な民族浄化政策や大虐殺（ジェノサイド）にまで発

展していくこともある。

　さらにこのような最貧国の紛争地域に，自然災害が重なると事態はさらに深刻化する。たとえばアフリカのソマリアでは，1990年代の前半には国内紛争による経済（農業）収入が減少し，さらに長引く干ばつが追い討ちをかけ，その結果ソマリア全土が大飢饉となった。そしてソマリアでは，人口の800万人の大半が飢餓状態になり，死者は1日数千人にのぼった[4]。このような国内紛争の被害者のなかには，自分達の住む土地を追われ国内避難民，あるいは祖国からも逃れ国外で難民になるものも多い。

　このように発展途上国が国内紛争を行うと，国民は暮らすことができる最低限の生活を余儀なくされ，そこに突発的な自然災害や伝染病などに見舞われると，その国民全体が生命存続の危機に直面し，国家崩壊の危機となる。

　このような悲惨な生活状況のなかで，人々は穏やかに平静を保って生きていけるはずもない。生活は困窮すれば身近なところで治安も悪化し，窃盗や略奪が増えモラルの低下が防げなくなる。そうなると，このような悲惨極まりない生活を送っているのもすべて敵対する民族や宗教グループのせいであると人々は考えてしまう。たとえ民族同士が一時的に和解したとしても，基本的な生活環境の改善，道徳的・倫理的教育が施される機会，民族指導者の意識改善が伴わない限りにおいては，紛争は再発してしまう。オクスフォード大学教授で経済学者のポール・クーリア氏によると，世界の国内紛争のおよそ半分のケースは，たとえ紛争が終了したとしても紛争終了後10年以内でまた紛争が再発してしまうという。まさに悪循環を繰り返す「負のスパイラル」に陥る。

　さらにそのような国内紛争を行っている国家の政治体制の多くは脆弱で不安定である。先進国で当然のように実施されている選挙よりも，軍事指導者や特定の部族の指導者が，武力によって制圧しその国の指導者になることが多い。また腐敗や賄賂も多く，紛争はその国家や部族の特権エリートの個人的な利益，いわゆる「私腹を肥やす」ための戦いであることが多い。いい換えれば，そのような国内紛争の行われているところは非民主的な政治体制である。

　このように冷戦後の国際社会は，負のスパイラルに陥り国内紛争から抜け出せない状況を作り出してしまい，多くの国家は，失敗国家（failed states）とし

第3章　ポスト冷戦期の新型国連平和維持活動　◎── 25

て崩壊していった。しかし国連をはじめとする国際社会はこのような悲惨極まりない状況を「人道的に問題である」すなわち「人道的危機（humanitarian crisis）」と判断し自らその問題にかかわろうとしたのである。このような状況のなかで，従来現実主義者の間で主張され続けていた「国家の安全保障中心主義」というものに疑問を持つものも多くなってきた。確かに国家の安全がなければ，そこに住む国民の生活も安定しない。しかし，民族や国家のリーダーによる倫理観に偏った政治体制によって，その国民が安心して生きられないばかりか，その生命までも危ぶまれたときに，国際社会や諸外国の人々は傍観できるであろうか。このようにして従来の「国家の安全保障（states security）」のみならず「人間の安全保障（human security）」という概念が広められていった。「人間の安全保障」は，アジア・アフリカ地域における「人道的危機」を解決するために軍事面において「人道的介入（humanitarian intervention）」をする概念を作り出した。国内紛争において，国民に対して深刻な人権侵害が起こり，その国民に対して大規模な苦痛や死がもたらされているとき，ほかの国家がその国の同意なしに軍事力を持って介入することができるということである。

　この「人間の安全保障」や「人道的介入」という概念は，「保護する責任（Responsibility to Protect）」というさらなる新しい概念を導き出した。この「保護する責任」の原則は，1）国家主権は人々を保護する責任を伴う，2）国家が保護する責任を果たせない場合は国際社会がその責任を務める，3）国際社会の保護する責任は不干渉の原則に優越する，の3つである[5]。いい換えれば，どこかで，人道的に被害を受けている人たちがいた場合，それを見たものが保護すべく介入をする責任があるということである。「保護したほうが良い」ではなく「保護しなくてはならない」という強制力が増したのである。具体的には，2001年12月国連事務総長の要請に基づき，カナダで行われた「介入と国家主権についての国際委員会（The International Commission on Intervention and State Sovereignty）」において「保護する責任」についての明確な規定が設けられた。

　以上をまとめると，冷戦後の国際社会は民族紛争や宗教紛争により一国内の秩序が麻痺をし国家が崩壊したケースが多くなったということである。そして

新たに国際社会全体でそのような紛争地帯において生命存続の危機に瀕した国民を保護しようとする動きが出てきたということである。国連 PKO もそのような国際情勢への対応を要求された。いい換えれば今までの「2国間の間に入る仲介的な」停戦監視型国連 PKO のみでは，このポスト東西冷戦期の紛争解決には不十分であるということである。つまり国際社会に要求されたことは，紛争国家を立て直す国家構築と紛争地帯において人道危機に立たされている市民の保護という 2 つの課題に対応すべきということで，国連 PKO も新たに「国家を構築する PKO」と「武力で市民を保護する PKO」が必要になったのである。

さらにポスト冷戦期の国連平和維持活動の変貌については，その任務の多様性のみではない。ポスト冷戦期における国連平和維持活動の設立数が冷戦期と比較しても飛躍的に増加したことも特筆すべきことである。たとえば，世界各地の紛争に派遣された国連 PKO の延べ数は，1988 年に 1 月の時点では 11 であったが，2003 年の 6 月においては何と 70 に飛躍している。つまり国連 PKO が初めて設立してから 30 余年経過した間に設立した数よりも，それから 15 年という半分の期間に設立数は 5 倍以上に急増したことになる。このポスト冷戦期の前半に設立された国連 PKO の受け入れ国として，アンゴラ (UNAVEM)，ナミビア (UNTAG)，エルサルバドル (ONUSAL)，西サハラ (MINURSO)，旧ユーゴスラビア (UNPROFOR)，カンボジア (UNTAC)，ソマリア (UNOSOM)，ジョージア (UNOMOG)，リベリア (UNOMIL)，ハイチ (UNMIH)，ルワンダ (UNAMIR)，タジキスタン（UNMOT）などがあげられる。そして 1988 年に国連 PKO はその組織として成果が評価されノーベル平和賞を受賞した。ここでは次にポスト冷戦期における，複合型 PKO と武力行使型 PKO について説明していく。

3－2　複合型国連平和維持活動：国家構築型 PKO

この複合型国連 PKO では，従来の停戦監視の軍事業務は全業務の一部にすぎない。その他にも国内選挙の支援または実施，人権擁護，立法・司法・行政

を代行する統治活動（ガバナンス），民兵やゲリラ兵の武装解除，国内の軍事部門や警察部門の育成指導などの任務が国連 PKO に加わるのである。このような国家構築活動において，国連 PKO はその構築過程を監視するよりは自ら再建を担うケースが多いが，なかには国連 PKO が国家そのもの，すなわち「暫定政府」として役割を果たすこともあり得る[6]。このように複合型国連 PKOは，軍事部門のみならず多岐にわたる非軍事部門があり，軍人とともに多くの文民スタッフも擁する。図表 3 - 1 は，国連設立から 2002 年の東ティモールでの PKO（UNTAET）設立時までの，いわゆる複合型国家構築 PKO が短期的に集中して設立された時期における文民行政任務が採り入れられたミッションの詳細である。

　財政面から見ると，複合型 PKO はその活動規模が伝統的国連 PKO よりも遥かに大きいためにその活動経費もより高額となる。

　また国連 PKO のほかにも国連諸機関が加わる。たとえば開発業務に携わる国連開発計画（UNDP），難民援助に携わる国連難民高等弁務官事務所（UNHCR），食料援助に携わる世界食糧計画（WFP）などである。さらに国連諸機関以外にも，通常多くの非政府組織（NGOs）が国家構築活動に参加しており，緊急復興開発，保健医療，環境，教育の分野などで活動している。

　また複合型国連 PKO は，伝統的な国連 PKO と異なり内戦型の紛争に対応することが多く，特に国内紛争から政治的解決期にかけて展開される。つまり国内状況においては通常緊急時（emergency）から安定期（stability）への移行期間に実施される。その政治的安定期までの間は国連，地域機構あるいは米国などの政治大国が国内紛争当事者間の調停に入り，（不安定なものであっても）和平協定などを締結させ，その後にこの複合型国連 PKO が設立される。よってこのタイプの PKO は，アレックス・ベラミー（Alex Bellamy）らによると「移行期管理型（Managing Transition）PKO」とも呼ばれている[7]。同様に，ラメシュ・タクール（Ramesh Thakur）らは，この複合的な任務によって国家構築の補強をする意味において，このようなタイプの PKO を「平和補強（peace reinforcement）」[8]と呼んでいる。

　この複合型国連 PKO は，現在では主流になっており，近年設立されたほと

んどの国連 PKO は複合型となっている。別の見方からすると現在展開されている国連 PKO で，純粋に停戦監視のみを行っているものは東西冷戦期から継続的に展開されている伝統的な PKO のみとなっている。

図表 3 − 1　文民行政業務を伴う国連 PKO（1945 年〜 2002 年）

派遣国家	Mission	期　間	警察業務	国民投票の実施	選挙の実施	行政権	立法権	司法権	条約締結権
西パプア	UNTEA	1962 − 1963	有		地方選挙のみ	有	有（制限有）		
ナミビア	UNITAG	1989 − 1990			有				
西サハラ	MINURSO	1991 −		有					
カンボジア	UNTAC	1992 − 1993	有		有	必要に応じて			
ソマリア	UNOSOM II	1993 − 1995					有		
ボスニア・ヘルツェゴビナ	Office of the High Representative*	1995 −			有（OSCE）	有			
ボスニア・ヘルツェゴビナ	UNMIBH	1995 − 2002	改善・再編成						
東スラボニア	UNTAES	1996 − 1998	有		有	有			
東ティモール	UNAMET	1999		有					
シエラレオーネ	UNAMSIL	1999 −	有						
コソボ	UNMIK	1999 −	有		有（OSCE）	有	有	有	
東ティモール	UNTAET	1999 − 2002	有		有	有	有	有	有

* 非国連ミッション

出典：Chesterman S. *You, The People: The United Nations, Transitional Administration, and State-Building*（Oxford, Oxford University Press, 2004）

3-3 ナミビアでの国連 PKO：UNTAG

　複合型国連平和維持活動のなかで代表的なケースをあげると，まずこの複合型国連 PKO の最初のケースとしてアフリカのナミビアでの国連ナミビア独立支援グループ（UNTAG）をあげることができよう。UNTAG は，アフリカ最後の植民地であったドイツ領南西アフリカ（South West Africa，1967 年にナミビアへ呼称変更）の独立を自由で公正な選挙により援助していくミッションであった。このナミビアの独立に対して大きな壁になったのが，このナミビアに対して第 1 次大戦以降信託統治を続けていた南アフリカ共和国の存在であった。南アフリカは，第 2 次大戦後も国連による信託統治の案を拒み続けていた。1960 年代には南西アフリカ人民機構（SWAPO）が結成され，その軍部組織であるナミビア人民自由軍（PLAN）が独立を求め駐留南アフリカ軍に対してゲリラ戦を展開し続けた。そして 1975 年，ナミビアの北隣に位置するアンゴラでは，キューバとソ連が援助するアンゴラ解放人民運動（MPLA）とアメリカと南アフリカが支持するアンゴラ全面独立民族同盟（UNITA）とアンゴラ民族解放戦線（FNLA）との間で，米ソ代理戦争ともいうべき内戦が激化した。これにより 1978 年独立を果たすべくナミビアでの民主選挙を要請した国連安保理決議 435（1978）は頓挫した。そして実際に UNTAG の設立は，1988 年 12 月 22 日，キューバがアンゴラから撤退することを約束したナミビア協定（The Namibia Accord）を経て南アフリカの設立が許可をされた 1989 年 2 月 16 日の国連安保理決議 632（1989）まで待たなければならなかった[9]。

　国連安保理決議 632（1989）によると UNTAG の任務は大きな枠組みとしてナミビアの独立への支援があげられるが，その独立を達成するために自由で公正な選挙の監視，南アフリカ警察の監視，停戦監視という「3 つの監視業務」のほかに，すべての不平等な法律の廃止，政治犯の釈放，ナミビア難民の帰還，法と秩序の回復が任務となり UNTAG はまさに複合型国連 PKO となった。UNTAG の軍事要員は約 8,000 名であり，パトロールなどの安全業務を行う歩兵部隊はフィンランド，ケニア，マレーシアから派遣され，300 名の軍事

監視要員は，バングラデシュ，チェコスロバキア，フィンランド，インド，アイルランド，ケニア，マレーシア，パキスタン，パナマ，ペルー，ポーランド，スーダン，トーゴ，ベネズエラ，ユーゴスラビアからの軍民が個別的に派遣された。この UNTAG の運営に関する予算である 4 億 1,600 万ドルは当時としては莫大であり，その額は国連の通常予算の約半分の額に相当した[10]。この包括的かつ複合的な国連 PKO がいかに多額の経費を要するかがわかる。それと同時にこの新しいタイプの国連 PKO に対して国連そして国際社会がいかに多大な期待を寄せていたかも認識されるのである。

　UNTAG はその国際社会の期待に応えるかのようにナミビアの独立に向けて顕著な働きを果たした。一方において UNTAG の駐留中にナミビアの治安が継続的に安定していたわけではなかったことは留意すべきである。たとえば 1989 年 4 月 1 日には，前述の PLAN がアンゴラとの国境を超えナミビアに侵入し南アフリカ防衛軍（SADF）と戦闘状態になり，およそ 300 名の PLAN ゲリラ兵が犠牲になった。しかしアンゴラ，キューバ，南アフリカの 3 者による共同委員会（The Joint Commission）によるこの PLAN の侵略行為への対応，さらに UNTAG と南アフリカとの長年の外交努力によって，この「4 月 1 日危機」は解決した。この「4 月 1 日危機」の対応により UNTAG の軍事要員の絶対数の不足が露呈された。UNTAG の軍事要員は常時 4,000 名から 8,000 名の間で推移しており，国連事務総長が主張した 25,000 人には遠く及ばないものであった。また UNTAG の軍事要員の配置の遅延もこの「4 月 1 日危機」の要因の 1 つであった[11]。その後 UNTAG の駐留期間におけるナミビア内の治安状況が安定したのはある意味では幸運だった。別の見地から判断すると UNTAG は南アフリカやアンゴラなどの周辺国から良好な協力体制を享受していた。

　他方において UNTAG のナミビアにおける選挙監視の活躍は，アレックス・ベラミー（Alex Bellamy）の言葉を引用すれば「最大の成功（greatest triumph）[12]」を収めたといえる。1989 年 11 月，UNTAG の監視下でナミビア議会選挙が実施された際には，約 7 万人の有権者のうちに実に 97％の者が投票に参加した。マルティ・アーティサリ（Martti Ahtisaari）UNTAG 国連事務総

長特別代表も当選挙が自由かつ公正であり開票結果も正当であると宣言した。参加した政党数は10に上り，全72議席のうちSWAPOが41議席を獲得し与党となった。民主ターンハーレ同盟（Democratic Turnhalle Alliance）が21議席獲得を果たして野党第1党となった[13]。

　さらにUNTAGは，約58,000人のナミビア難民の帰還の実現に向けて中心的な役割を果たしたUNHCRを積極的に支援した。そして1990年3月21日ナミビアは170万人の国民をもつ新独立国として誕生した。そしてその日をもってUNTAGの任務も終了した。ナミビアは同年4月22日に国連加盟国になった。当時のペレス・デクレアル（Javier Perez de Cuellar）国連事務総長は「UNTAGは，国連が複雑な国連ミッションを成功裏に導く能力を有することを証明した」と主張した。

　このUNTAGの成功したケースの背景には，どのようなものがあったであろうか。まず受け入れ国の状況理解やそれに伴う国連ミッションに対する目的の明確な把握である。ナミビアでは，アーティサリ事務総長特別代表やデワン・プレム・チャンド（Dewan Prem Chand）UNTAG軍事部門最高司令官がUNTAGの設立の幾年も前からナミビアを訪れ状況を把握していたという。つまりこれから国連PKOを行うにあたっての2大指導者がその地域に精通しているために，そのミッションの適切な目的や目標設定が可能になったのである[14]。またUNTAGが成功した背景には，ミッションに対する合意形成，そして近隣国や大国を含む国際組織の協力があったということを認識すべきである。それによってUNTAGは不十分な資源のなかでも中立な活動を展開することができたのである。

3－4　カンボジアでの国連PKO：UNTAC

　次に東西冷戦後の複合型国連PKOの代表的なケースとして，カンボジアの国連カンボジア暫定統治機構（UNTAC）があげられる。1953年フランスから独立を果たしたカンボジアは永年内戦に苦しみ，とりわけ1975年から1979年までカンボジア全土を支配したポル・ポト率いるクメール・ルージュは原始共

32 ──◎

産制のもとで，全人口730万人の約25％の人々を抹殺する非人道的な統治を行っていた。1979年にベトナム軍がカンボジアを侵攻しクメール・ルージュ政権を打倒した後もカンボジアは，ベトナム・ロシアが支持するヘンサムリン政権と，中国・ASEAN・フランス・アメリカ・イギリスが支持するシアヌーク派，ソン・サン派，ポル・ポト派の3派が反政府として連合した「民主カンプチア連合政府」との間で内戦が続いた。そして1991年10月23日にパリで調印された「カンボジア紛争に関する包括的な政治解決に関する協定」，いわゆる「パリ和平協定」に基づき1992年2月28日に国連安保理決議745 (1992)によりUNTACが設立された。UNTACが複合型国連PKOと呼ばれる所以は，UNTACはパリ和平協定から設置を要請された7部門，すなわち軍事部門，文民行政部門，文民警察官部門，選挙部門，人権部門，帰還部門，復興部門から構成されたことにある。UNTACは当時ほかに類を見ない大型ミッションであった。オーストラリアのジョン・アンダーソン（John Anderson）司令官が率いる軍事部門は，16,000人を擁し外国軍隊の撤退や停戦監視，武器管理，外国による武器供与の監視，地雷除去を任務とした。3,600名から構成された文民警察官は，カンボジアの現地警察の監視や育成を担った。選挙監視業務には国連から派遣された1,400人の文民と現地のボランティアが協力して実施にあたった。また国連難民高等弁務官事務所（UNHCR）がUNTACの指揮の下に36万人にのぼるカンボジア難民の帰還や再定住にあたった[15]。UNTACの軍事要員派遣国は，アルジェリア，アルゼンチン，オーストラリア，オーストリア，バングラデシュ，ブルネイ，ブルガリア，カメルーン，カナダ，チリ，中国，フランス，ドイツ，ガーナ，インド，インドネシア，アイルランド，日本，マレーシア，ナミビア，オランダ，ニュージーランド，パキスタン，フィリピン，ポーランド，ロシア，セネガル，シンガポール，タイ，チュニジア，イギリス，アメリカ，ウルグアイであった。日本の自衛隊は後方処理隊として土木業務を行った。

　国際社会や専門家におけるUNTACへの評価に関しては意見が分かれるところである。UNTACのミッションは成功を果たしたと主張するものの多くは，その理由をカンボジアの総選挙の実施とその後の新政権発足の事実をあげ

る。1993 年 5 月 23 日から 28 日まで行われたカンボジアの総選挙に対して有権者の 90％の者が投票を行い, その比例代表制の選挙の結果, 王党派のFUNCINPEC が 58 議席, フン・セン (Hun Sen) 率いるカンボジア人民党 (Cambodian People's Party) が 51 議席, 仏 教 自 由 民 主 党 (the Buddhist Liberal Democratic Party) が 10 議席, そしてモリナカ (Molinaka) という少数政党が 1 議席を獲得した。そして FUNCINPEC のラナリッド王子 (Prince Ranariddh) とカンボジア人民党のフン・センが共同暫定政府の議長に就任した[16]。1993 年国連安保理決議 880 (1993) においても国連は UNTAC が「パリ和平協定」の要請内容の多くを満たしたとして UNTAC を高く評価した。国連のブトロス・ガリ (Boutros Ghali) 事務総長も, UNTAC の明石康事務総長特別代表のリーダーシップを称賛し, 明石氏を新しい旧ユーゴスラビアの国連ミッションである国連保護隊 (UNPROFOR) の特別代表に任命した。

　一方で UNTAC に対する様々な批判も根強く指摘された。まず指摘されるのは 1992 年秋季までクメール・ルージュが和平プロセスから脱退したことに対する UNTAC の無力さである。クメール・ルージュは, タイ国境付近にいったん逃亡しながらも UNTAC や 3 派に対して威嚇的な軍事行動を続け, 円滑な総選挙キャンペーンを妨害する行動に終始した。また 3,600 人からなる文民警察官もクメール・ルージュから「UNTAC は中立でない」という主張の下に攻撃を受け, その結果その任務がカンボジア全土に達することはなかった。また UNTAC の活動期間において, 主要な反人道的な犯罪に対しても UNTAC 文民警察官によって起訴・逮捕されることはなかった。それにもかかわらず選挙期間においては, UNTAC のスタッフがクメール・ルージュのみならずカンボジア人民党の支持者からも攻撃の的となりこの選挙期間において 200 名の人々がこの暴動により命を落とす結果となった。さらに UNTAC における不十分な兵站設備についても指摘を受けた。具体的には, 土木能力の欠如, 不十分な地雷除去能力, インテリジェンスや伝達能力の欠如などであった[17]。以上を総括すると, UNTAC の功績として選挙を成功裏に実施することができたものの, 1 派 (クメール・ルージュ) から合意を取り付けることができずに, その結果 UNTAC 駐留中に安定した平和をもたらすことができな

かった。「国作り」には成功したが「安定した国作り」までには至らなかったという。よって UNTAC は「部分的な成功」と結論できよう。

3－5　コソボでの国連 PKO：UNMIK

　コソボ自治州がある旧ユーゴスラビアは「1つの国家，2つの文字，3つの宗教，4つの言語，5つの民族，6つの共和国，7つの国境線をもつ」[18] といわれているほど多様性に富み複雑な連邦制を構成していた。この旧ユーゴスラビアは東西冷戦終了後にはこの複雑な民族感情，宗教意識が表面化し，「ヨーロッパの火薬庫」といわれた旧ユーゴスラビアは内戦へと突入した。1991 年 6 月スロベニアとクロアチアが，そして 1992 年 3 月にはボスニア・ヘルツェゴビナが独立を宣言するも虐殺を含む残酷な民族・宗教戦争を繰り広げることとなった。その顕著な例として 1995 年 7 月ボスニア・ヘルツェゴビナのスレブレニッツアにて 8,000 人以上のムスリム人がセルビア兵士によって虐殺された。これは「スレブレニッツアの虐殺」と呼ばれ，その 1 年前の 1994 年 4 月ルワンダで行われたフツ族によるツチ族への大量虐殺とともにポスト冷戦期において歴史的に名を残す悲惨な虐殺事件となった。

　コソボでは 1998 年にセルビアとアルバニア系武装組織「コソボ解放軍（KLA）」との間で武力衝突が発生して以来，急激に治安が悪化した。セルビアの共産主義者同盟の幹部であり，後にセルビア共和国の初代大統領になったスロボダン・ミロシェビッチ（Slobodan Milosevic）がセルビア民族主義（大セルビア主義）を掲げてアルバニア人弾圧政策を取った。1999 年 3 月，北大西洋条約機構（NATO）がセルビア全域に空爆を開始した。これは「アライドフォース作戦（Operation *Allied Force*）」と呼ばれた。そして同年 6 月に NATO はセルビアがコソボから撤収したことを受け空爆を終了した。国連は，コソボ自治州の安全の維持および州再建のために 6 月国連安保理決議 1244（1999）を採択した。これによりコソボの治安維持は，NATO が主導する国際安全保障部隊（KFOR）が担い，国連は正式なコソボ政府ができるまでの間暫定的行政を担う国連コソボ暫定行政ミッション（UNMIK）を設立した。UNMIK は活動として次の 4 つ

の柱からなった。

① UNHCR（国連難民高等弁務官事務所）主導による人道支援
② 国連の下での市民行政
③ OSCE（欧州安全保障協力機構）主導による民主化と制度構築
④ EU（欧州連合）主導による復興と経済発展

　このように UNMIK は，約 4,000 名の警察隊を含めた文民主導の活動であり，さらに NATO，OSCE，EU といったさまざまな地域機構と連携して実施された[19]。UNMIK は，前述したナミビアの UNTAG やカンボジアの UNTAC とは異なり，国内の治安は NATO という地域機構に委ねた。その代わりに UNMIK は「暫定行政ミッション」であり，後述する東ティモールの国連東ティモール暫定統治機構（UNTAET）とともに，行政部門のすべてを司る，いわば「国連が政府そのものになる」という任務を担った。その UNMIK の暫定行政の権限は，そのミッションの最高責任者である国連事務総長特別代理（the Special Representative of the Secretary General：SRSG）にその多くが移譲された。実際に UNMIK 管理下のコソボにおいては，行政・立法・司法は独立してなく，この事務総長特別代理がその 3 部門を司っていた。このように限られた個人や組織に権力を集中させたことによって国連の UNMIK における政策は「新植民地主義」という見方が一部の専門家によって取られたのも事実である[20]。2005 年，コフィ・アナン（Kofi Anan）国連事務総長も，コソボ市民やコソボの代表者がもっと政策決定の場に加わるべきという「市民参加型統治政策（participatory governance）」の必要性を強調した[21]。
　また国連最初の暫定統治ミッションとして，活動計画性の欠如や上記の 4 つの柱の間での共同戦略などに課題が残った。また UNMIK 内での構造上の問題，内部抗争，指令能力の欠如なども指摘された。これは UNMIK 内部の問題のみならず，国際社会のコソボおよび UNMIK に対する関心や注目性への欠如にも起因する[22]。
　2008 年 2 月 17 日コソボ議会はコソボのセルビアからの独立を一方的に宣言

した。2008 年 8 月コソボ憲法が公布された。このコソボの独立は，アメリカ・日本をはじめとして世界 111 か国が承認しているが，ロシア・中国などは承認しておらず，よって国連安保理での承認は困難となっている。国連はコソボの体制移行に伴って UNMIK 職員を 70％削減し，UNMIK における法の支配に関する任務を EU 法の支配ミッション（EULEX）に移譲した。

国連事務総長の報告書によると，コソボ市民の難民帰還も進んでおり，2000 年以降の自主的帰還は 25,896 名にのぼった。しかしながら難民が以前住んでいた場所の私的財産の問題は未解決のところが多く，このことが難民帰還の障害になっている[23]。

2016 年 2 月現在 UNMIK は，軍事警察要員 16 名，国際文民要員 109 名，現地文民要員 219 名で実施されている。要員派遣国は，ウクライナ，チェコ，オーストリア，ブルガリア，ドイツ，ハンガリー，イタリア，モルドバ共和国，ポーランド，ルーマニア，およびロシアである。

「暫定行政ミッション」としての UNMIK の任務は，コソボの独立をもって遂行したといえる。一方で UNMIK のケースでは，国連という外部による組織が根本的な部分から国家構築を担う上では，オーナーシップや新独立国家の能力開発の向上とのバランスを図ることの重要性が認識された。

3−6　武力行使型国連平和維持活動：平和執行部隊や「強化された PKO」

国連が平和活動において自ら武力行使を実施する，いわゆる平和執行（または平和強制という）を実施する背景として 1991 年の湾岸戦争をあげることができる。1991 年 1 月 17 日，クウェートを侵略した独裁者サダム・フセイン率いるイラクと，その侵略に異を唱えるアメリカを主導とする 28 カ国から構成される多国籍軍との間で湾岸戦争が勃発した。この戦争は，東西冷戦の終了と大きな関連がある。東西冷戦が終了により，アメリカやソ連をはじめとする国際社会では国際平和の維持や国際安全保障に関する関心が薄れ，イラクがその隙を狙ってクウェートに侵略をした。さらに東西冷戦が終了したために，アメリ

カとソ連のいわゆる「足の引っ張り合い」がなくなった。すなわち国連安全保障理事会における拒否権の発動が激減した。いい換えれば安全保障理事会が適切に機能し始めたのである。この湾岸戦争を合法的に支持するものとして1990年8月2日に採択された国連の安保理決議660（1990）がある。これはイラク軍のクウェートからの無条件撤退を要求するものであったが，この決議にはアメリカもソ連も賛成票を投じている。つまり，サダム・フセインはアメリカとソ連の共通の敵として認識されたのであり，そしてアメリカとソ連は協力して兵士を提供して同じ多国籍軍の一員として湾岸戦争に参加した。これは冷戦時代には考えられないことであった。その結果湾岸戦争は，多国籍軍側の圧勝に終わりイラク軍はクウェートから撤退した。

　この湾岸戦争が国際政治にもたらした影響は多大であった。まず，それまで関係が良好とはいえなかったアメリカと国連の関係が改善された。これは国連安全保障理事会で承認された戦争に対してアメリカが多大に協力し，アメリカの軍事貢献により湾岸戦争の勝利を国連側にもたらしたからである。次にサダム・フセインという敵に対して米ソをはじめとする世界が1つにまとまったということである。そして強力な軍事力で臨み湾岸戦争に勝利したことにより，国連が自信を深めたということである。国連は，米ソが協力し合える現在，重武装で強制的に平和を創造することが可能であると考えた。そして1992年のブトロス・ガリ国連事務総長は，安保理に国連の平和機能に関する包括的改革案である『平和への課題（Agenda for Peace）』という包括的改革案を提出した。そこでガリ事務総長は次のように述べている。

　「休戦協定が成立しても守れないときは，国連がしばしば兵士を送り休戦協定を維持することを要求されてきた。このような任務は，時折PKOの範囲を越えたりするほど大変なことである。それゆえ，私（ガリ事務総長）は，安全保障理事会が平和執行部隊を明確な環境のもとで利用することを勧める。その様な部隊は，通常のPKOよりも重武装で，より幅広い準備が必要である」

　つまり湾岸戦争の勝利と，アメリカと国連の過信ともいえるような自信，そ

してガリ事務総長の『平和への課題』がポスト冷戦期における国連による平和執行部隊の誕生へとつながったのであった。

一方，この武力行使型 PKO ともいえる平和執行部隊は，アフリカのソマリアおよびボスニアでの国連部隊（それぞれ UNOSOM II，および UNPROFOR を指す）の経験の後に，きわめて厳しく国際社会から批判された。たとえばオックスフォード大学のアダム・ロバーツ（Adam Roberts）教授は，平和執行部隊の投入に際しての4つのジレンマを指摘した。それは，1. 軽武装の PKO 兵士への避けることのできない安全上の危険，2. 武装勢力のみならず一般市民をも犠牲にする危険，3. PKO の持つ中立性の放棄，4. 国連における政策決定能力の低下，である[24]。国連本部高官であるシャシ・サドー（Shashi Thadoor）によれば，平和執行部隊の問題とは，「空中から爆弾を落としている一方で，地上ではその攻撃を受けている武装勢力に平和交渉をする」[25] といったギャンブル的な性質であるという。さらにエルスキン・チャイルダー（Erskine Childer）は，1990年代中期に行われた国連外による平和執行部隊，すなわちアメリカによるソマリアおよび南米のハイチへの介入やフランスのルワンダへの介入に注目し，「もし国連がそのような国連外による平和執行部隊を承認し続けるのであれば，それはさらなる国連の失敗（another UN fiasco）[26] につながるであろう。」[27] と警告している。

一方でこれらの批判は，「ポスト冷戦時代においては平和執行をせざるを得ない」という現実主義者や国連での実務家が主張するような現実観によって相殺されうる。1993年，当時国連事務次官であり，後に国連事務総長になったコフィ・アナン（Kofi Annan）は，「現在の国際連合（PKO）は，国境線の明確化，武装解除，無政府無秩序状態の鎮圧，戦闘地帯における人道援助の確保，といったように，以前よりも多くの任務を要求されている」と主張し，これは「国連憲章の第7章で謳われている平和の執行を国連が果たすべきという本来の要求が顕著に表れてきたに過ぎない。」と付け加えている[28]。3年後の1996年，彼は今までの持論をさらに強め，「関係政府及び勢力の合意を得るという古い PKO の原理は，正しいとか間違っているという問題ではない。それは単に現在の紛争解決手段には関連性がない。」とまで発言している[29]。アナンに

よれば，平和執行は一国内における紛争地域の無秩序化によって避けられない状況になっていることからもその正当性を増している。同じようにウィリー・カーティス（Willie Curtis）によれば，今までの伝統的な PKO には，武装集団は紛争を起こしながらも究極的には平和を望んでいる，という前提があったのであるが，現在の武装集団にとって，平和への希望は必ずしも高い優勢順位に入っていない[30]。ある統計結果にもこの傾向が顕著に見られる。イギリス人の PKO 学者のフェザーソン（Fetherson）が 1994 年に示した統計によると，戦争被害者における一般市民の占める割合は，18 世紀までは 50％であったが，1970 年代には 73％，そして 1990 年代には 90％近くに昇るという[31]。つまり現代の紛争では軍人よりはむしろ一般市民が標的になっているということが理解される。このことからも平和執行の必要性が強調された。このように武力行使型 PKO，あるいは平和執行には賛否両論が沸き起こった。次にそのケースを紹介する。

3－7　ソマリアでの国連 PKO：UNOSOM

　アフリカ大陸の北東部のエチオピア，エリトリア，ジプチ，ソマリアといったインド洋と紅海に面する地域は，形が動物のサイの角に似ていることから「アフリカの角（Horn of Africa）」と呼ばれている。この「アフリカの角」は，複雑な民族構造のために紛争が絶えない。その複雑な民族構造である「アフリカの角」のなかでもソマリアは例外的で，ソマリアの全人口の 98％は，イスラム教徒スンニ派のソマリ族が占めている。実際に，1960 年にソマリアはイギリスとイタリアから独立を果たした後に，1969 年国軍がクーデターを起こし，その際に最高革命評議会議長になったバーレは，「大ソマリア主義」を唱えた。この「大ソマリア主義」とは，イギリス，イタリア，さらにフランスによる植民地統治と国境線によって分断された民族を統合し，1 つの国にまとめあげようとする民族運動のことであった。しかしソマリアは，確かにほぼ単一民族の国家であったが，ソマリ族はダロット，イサック，ハウィエなど大きく約 15 の，細かくいえば 500 以上の氏族集団に分かれていた。ソマリアでは，

各氏族の結束力が強く，全氏族の調和やバランスを保つのが非常に困難であった。ところが大統領になったバーレは，そのバランスを考慮せずに自分の氏族に国の重要な役職を与えるといった公平感に欠く統治を行ったために反政府勢力が多数現れることとなった[32]。その反政府勢力の1つである統一ソマリア会議（USC）が，1991年首都モガデシオを制圧しバーレ大統領を追放し，そしてUSCはモハメド暫定大統領を指名した。しかしUSCの議長で強硬派のアイディード将軍がこれに反発し，新たにソマリア国民同盟（SNA）を結成し，その結果モハメド派とアイディード派間で戦闘が激化した。

　ソマリアでは，この内戦に加えて長らく続いた干ばつがソマリアの人々を苦しめ1991年には全人口の半分にあたる420万人が飢餓状態にさらされた[33]。そこで1992年4月24日国連安保理決議751（1992）が採択され，ソマリアでの最初の国連PKOである第1次国連ソマリア活動（UNOSOM I）が設立された。その任務はソマリアにおける停戦維持，紛争の政治的解決の促進，人道的援助の提供などであった。その結果首都モガデシオの停戦を監視する50人の国連監視団と，人道的援助物資の輸送を保護するパキスタンからの500人の武装治安部隊がソマリアに派遣された[34]。

　国連はソマリアの紛争当事者に，即時の停戦履行と国連の人道援助活動の支援を要求していたが，実際にはUNOSOM Iの食料輸送援助計画は，予定通りには進展しなかった。

　そして人道的に危機的な状況はますます悪化した。これに対して*CNN*や*New York Times*といったメディアを通してアメリカの世論がアメリカ政府（ブッシュ政権）に国際社会のソマリアへの人道的介入を訴えた。そして1992年12月3日，国連安保理決議794（1992）によりアメリカ主導の多国籍・統合任務部隊（UNITAF）の設立を採択した。いい換えればUNITAFは「国連のお墨付き」を得ているが，指揮系統はアメリカ軍主導である平和執行部隊であった。

　UNITAFはその任務終了まで4つの段階に分かれていた。まず第1段階として首都モガデシオに軍事本部を置くこと，第2段階として港湾や空港の安全を確保すること，第3段階として安全地域を内陸に，最終的にはモガデシオから南西約500キロに位置するキスマヨ（Kismayo）まで広げること，そして第4

段階として次の平和執行ミッションへ引き継ぐことであった。UNITAF はアメリカ政府からは当初より短期間の作戦と考えられており，展開地域も限定されていた。この UNITAF は 1992 年 12 月の時点で兵力 38,301，その内 25,426 名がアメリカ兵であった。UNITAF の活動は，別名「希望回復作戦（Operation Restore Hope）」と呼ばれた[35]。

　この UNITAF により治安状況は好転した。よって国連安保理は予め短期間と定められていた UNITAF の任務終了を決定し，1993 年 3 月 26 日安保理決議 814（1993）により再び国連ミッションである第 2 次国連ソマリア活動（UNOSOM II）の設立を決定した。

　安保理決議 814（1993）に基づく UNOSOM II は，人道復興支援，平和執行，ソマリアの財政・行政問題への支援という 3 部門から構成された。

　人道復興支援は，経済再建，難民帰還，政治的和解，国内警察再建，地雷除去などであった。平和執行に関しては，UNOSOM II は国連憲章 7 章に基づき以下の治安維持業務に従事した。

- 暴力再発の予防
- 大型武器の規制
- すべての未公認武装集団の小型武器の押収
- 湾港，空港，人道物資配給ルートの安全確保
- 国連，国際赤十字，NGO の要員，施設，装備の保護
- 地雷除去
- 難民帰還支援
- その他安全保障理事会で要求された職務[36]

　このように UNOSOM II は，平和構築と平和執行同時に遂行する最初の国連ミッションであった。

　しかし 1993 年 5 月 UNOSOM II が UNITAF からその任務を引き継いだ後にソマリアの治安状況は悪化の一途をたどった。1993 年 6 月 5 日アイディード派の SNA に対して UNOSOM II 兵士による最初の武器査察が行われた直後

に，パキスタン兵士が2つの異なった場所より同時に奇襲攻撃を受け，24人の兵士が殺害され，57名が負傷する事件が発生した。これに対して翌日の6月6日国連安保理決議837 (1993) が採択され，UNOSOM II は SNA への報復措置として UNOSOM II のソマリア全土での実効的権限を確立するために「あらゆる必要な手段」を取ることが求められた。その結果アメリカ軍の AC130（ヘリコプター）戦闘機が，アイディード派が拠点とするモガデシオのラジオ局などを砲撃した。しかしこのような UNOSOM II のヘリコプター戦闘機からの攻撃が民間地域で誤爆しソマリア市民が犠牲になることがあった[37]。

　さらに UNOSOM II の限界を象徴するものとして1993年10月3日にアイディード将軍派幹部の逮捕を目指したアメリカ軍の作戦，いわゆる「モガデシオの戦闘」があげられる。この作戦にアメリカは，最強特殊部隊を派遣し，作戦は1時間足らずで終了するはずであった。しかし作戦の開始直後に，SNA の攻撃により，2機のアメリカ軍 AC130 が撃墜されてしまった。そして泥沼の市街戦は，予定の1時間どころか一昼夜繰り広げられた。この戦闘はとても国連傘下の活動とは思えないほど激しくすさまじい戦いであった。この戦闘により18名のアメリカ兵と多数の SNA 兵士が犠牲になった。市民感情もさらに悪化した。さらに1人のアメリカ兵の遺体が無惨にもモガデシオの街中に引き回されるという冷酷な行為にさらされた。これを機にアメリカは自国の兵のソマリアからの撤退を発表した。アメリカ政府は人道よりも自国の利益（自国兵士の生命）を優先させる形となった。そして他国政府もアメリカの決断に追随した。1994年2月4日安保理決議897 (1993) が採択され，それにより UNOSOM II に課せられた任務は大幅に縮小された。武装解除や和平協定実施は現地の武装勢力各派が自発的に行うとされた。また国連憲章7章体制は維持するも UNOSOM II の平和執行権限は削除された。

　1994年11月4日安保理決議954 (1994) において安保理は，ソマリアにおける和平プロセスや和解プロセスにおける進歩が見えないこと，さらに治安問題におけるソマリア各武装勢力から十分な協力体制が得られないことを指摘した。そしてこのような問題がソマリアにおける国連の存在目的を損ない，よって1995年3月31日以降に UNOSOM II がソマリアに駐留する正当性は見当

たらないとした。その決議に従い UNOSOM II は 1995 年 3 月までに全部隊が
ソマリアから撤退し，UNOSOM II は任務を遂行することなく終了したのであ
る[38]。

　ポスト冷戦期の最初の武力行使型 PKO あるいは平和執行部隊としての
UNOSOM II は成功を果たすことができなかった。その理由として考えられる
のは，まず当時のソマリアの「極端ともいえる」国内状況があげられる。その
極端な状況とは，飢饉からも起因する「極端ともいえるほどの人道危機の状
況」，「極端ともいえるほどの実現不可能な正常な政府の不在（無政府状態）」，
「極端といえるほどの残酷な暴力行為」そして「UNOSOM 兵士にとっては極
端ともいえるほどの危険な任務環境」などである。すなわちこのように環境的
にも内政的にも極端に悪化した状況において国連ミッションを敢行するのは過
酷なことであった。平和執行は，従来の伝統的 PKO と異なり「合意・中立・
最小限の武装」の 3 原則に従う必要はないとしながらも，この 3 原則に極端に
適合しない国連ミッションは，（たとえそれが平和執行のように強化された作戦でも）
その任務の遂行が困難である。

　また UNOSOM II がその任務を果たせなかった原因の 1 つにその規模の問
題があげられる。これは UNOSOM II の前任の UNITAF と比較すると明らか
である。すなわちソマリアでは，38,000 人のアメリカ兵士主導の UNITAF か
ら，国家建設のために人道援助の活動をタイムリーな状況で始めることができ
た。そしてその地域はソマリア南部に限られていたのである。しかしこの任務
が国連の平和執行部隊である UNOSOM II にとって代わられてから，武装解
除という任務も付け加えられ，ソマリア全体の国土を 28,000 人の兵士で賄わ
なければならなくなったのである[39]。その結果 UNOSOM II 側の軍事的サ
ポートの弱体化により，パワーバランスにおいてはソマリア内の武装勢力の方
が UNOSOM II よりも優勢になったのである。

　さらに UNOSOM II は，最初の本格的な武力行使型 PKO として宗教的や文
化的な配慮に欠けていたことがあげられる。たとえば UNOSOM II を扱った
ドキュメンタリーフィルムのなかに，UNOSOM II の兵士がソマリアの市民 1
人ひとりに関門チェックをすることがあった。そこで欧米からの部隊の兵士

が，ソマリアの女性に安全確認のチェックのためにその体に触れることが多々見られた。イスラム教を信仰するソマリアにおいて家族でない者が女性の体に直接触れることは厳禁である。このように UNOSOM II の部隊に参加した兵士のなかにはその派遣地域の文化や慣習を理解していないことがあり，不必要な摩擦を生んだこともあったに違いない。

　また UNOSOM II への派遣国家のなかには，トルコやパキスタンなどの同じイスラム教の国家がある。通常の国連 PKO においては，受け入れ国と派遣国の宗教が同じケースが多い。それは，同じ宗教同士ということで PKO に兵士を派遣することによって平和促進の手助けをしようという同朋意識があるからである。特にイスラム教国家ではこのような傾向が顕著である。UNOSOM II においてもトルコやパキスタンの兵士も同じように「イスラムの兄弟（Muslim Brothers）」を救うために自ら志願してソマリアにやってきたものも多かったはずである。しかし現実には，彼らが戦わなければならなかったアイディード将軍派の兵士も同じイスラム教徒である。彼らのなかには「同じイスラムの仲間を助けにやってきたつもりなのにどうして彼らと戦わなければならないのか」と不満をもらすものもいた。国家レベルでソマリアでの活動は平和執行部隊なのだと理解していても，兵士個人のレベルまで納得させることは難しい。その結果彼らの士気も落ちていったと考えられる。

　最後に国際社会によるソマリアに対する政治的意思の欠落も UNOSOM II の失敗の原因の１つにあげられる。とりわけアメリカは 1993 年 10 月 3 日での「モガデシオの戦闘」での敗北及び屈辱によって，アメリカのソマリアのみならず国連 PKO に対する不信があらわになった。1994 年 5 月 4 日アメリカでは「大統領決定指令（PDD-25）」が発表された。それに従いアメリカのメデレイン・オルブライト（Madeleine K. Albright）国務長官によると，アメリカが今後国連 PKO に参加する場合，次の事項を確認することが明記された。

- その国連 PKO の介入は，アメリカの国益をもたらすのか。
- 国際安全保障体制に対して真の脅威となりうるのか。
- その国連 PKO に明確な目的があり，活動範囲が定義されているのか。

第3章　ポスト冷戦期の新型国連平和維持活動　◎── 45

- 停戦協定がすでに締結されているのか。受け入れ当事者達がPKOを受け入れる用意ができているのか。
- 財政的・人的資源がミッションを有効に活用できるのか。
- そのPKOの終了時期が明確に定義されているのか。
- もしアメリカが介入しなければどのようになるのか[40]。

　ソマリアそして国連PKOに対するアメリカの政治的意思の欠落は，西側諸国全体に波及した。その後ガリ国連事務総長がアフリカのブルンジやリベリアへの国連PKOの設立の意思に対して国際社会の反応は冷ややかなものであった。アメリカにとってはソマリアを含めたこのようなアフリカ諸国の問題よりもボスニアやハイチでの問題の方に関心があったのである[41]。

　ガリ国連事務総長は，このようなソマリアへの平和執行が国連にとって不名誉な結果に終わったことを受けて1995年1月『平和への課題・追補』を発表した。これによるとPKOと強制活動は明確に区別をする必要があるとしたが，安保理が加盟国に対して強制措置の権限を付与した場合，問題も生じうるとした。さらに平和執行部隊は，ごく小規模なものを除き，現在の国連ではそれを実行する能力に欠けているとしている[42]。つまり国連はソマリアの経験を経て伝統的なPKOに回帰する方向性が取られたのである。

3-8 「武力不行使」としてのルワンダでの国連PKO： UNAMIR

　ソマリアでの重武装での中立性の欠く国連平和執行部隊に対する教訓は，3年後に同じアフリカのルワンダで反映された。

　ルワンダは，中部アフリカに位置し，西にコンゴ民主共和国，北にウガンダ，東にタンザニア，南にブルンジと国境を接する内陸国である。ルワンダは，第1次世界大戦までドイツ領であったが，1918年にベルギーの移民統治下になった。1962年に独立を果たしている。

　ルワンダは，ツチ族とフツ族という2つの部族から構成されている。その人

口比は1：9，すなわちツチ族は少数派で，フツ族は多数派になる。このような人口比のなかで，植民地支配を続けたベルギーは，少数派のツチ族を支配階層にしてフツ族を被支配層にした。この社会制度は，ルワンダの歴史において従来のツチ族とフツ族の相互の信頼関係を破壊したといえる。そして1962年ルワンダの独立後，今度はフツ族が政権を掌握した。つまりツチ族とフツ族の力関係が逆転し，結果的にその後の部族間紛争で数十万人の死者と数百万人の避難民を出す惨事が繰り広げられた[43]。

　ルワンダでは，1990年代より隣国のウガンダから援助を受けていたツチ族主体のルワンダ愛国戦線（RPF）とフツ族主体のハビャリマナ政権との間で内戦が激化した。そして1994年4月6日にハビャリマナ大統領を乗せた飛行機が撃墜されるという事件が発生した直後に，その報復手段としてのフツ族過激派によるツチ族への大量虐殺が開始された。フツ族過激派によるラジオ放送によってその虐殺は煽りたてられ，ツチ族の人々は，中国製の安価な斧を振るフツ族の民兵から無差別に殺害されていった。そしてフツ族の過激派は，ツチ族の反乱軍によって排除されるまでのおよそ100日間に約80万から100万人のツチ族を殺害したといわれている。

　この大虐殺に関して「ホテル・ルワンダ」という映画が製作された。この映画は，2004年にイギリス・イタリア・南アフリカの共同で製作された。この映画の主人公ポール・ルセサバギナは，ルワンダの一流ホテル「ミル・コリン」の支配人であり，フツ族のルワンダ人である。フツ族によるツチ族への大虐殺が行われているなか，ポールは，ツチ族である妻タチアナや子どもたち，さらにはホテルの客やホテルに避難を求めてきたツチ族の人々をフツ族の民兵から守らなければならなかった。ヨーロッパの軍隊が恐れをなして次々とルワンダから撤退するなか，ポールは，ルワンダ政府軍，過激派民兵組織，国連軍の3者の権力バランスを的確に見抜き，自分の判断能力だけを頼りに戦う。そしてついにツチ族反乱軍が救助に来て，周りの者を守り抜いたという英雄談であり実話に基づいた映画でもある。この映画でも生々しい死体の山を映し出す映像が時折見られることがある。映画であってもそれが現実であった。

　それでは，このようなルワンダでの部族間紛争そして大虐殺行為に対して国

連や大国を含む国際社会はどのような対応をとったのか。1993 年 10 月 5 日国連安保理決議 872（1993）は，ルワンダ政府と RPF 間で結ばれた和平を促進するために国連 PKO である国連ルワンダ支援団（UNAMIR）の設立を採択した。この UNAMIR の任務は，首都キガリの治安維持，総選挙実施までの国全体における停戦監視，新たな国軍の設立，その他の人道支援であった。翌 11 月には約 2,500 名の軍事要員と 60 名の文民警察官から構成される UNAMIR が開始された。UNAMIR の設立が決定された 1993 年 10 月 5 日は，前述したように同じアフリカのソマリアでアメリカの特殊部隊がアイディード将軍派の民兵と闘い 18 名の犠牲者を出した，いわゆる「モガデシオの闘い」の 2 日後であった。当然アメリカは UNAMIR への介入を拒否した。アメリカだけでなく国際社会全体，いい換えれば国連加盟国全体がルワンダの和平促進に消極的であったといえる。それにもかかわらず UNAMIR 設立時には，バングラデシュ，ガーナ，ベルギー，チュニジア，ルーマニア，カナダが軍の派遣を受け入れた。

しかし 1994 年 4 月に始まったフツ族によるツチ族への大虐殺において，UNAMIR の無力ぶりが露呈された。ソマリアでも失敗した原因の 1 つにあげられるが，本来国連 PKO は，休戦協定が結ばれて不安定にせよ平和に戻った状況を維持するために派遣される。関係者同意のもとに信頼を勝ち得ながら最小限の武装で国連 PKO は展開すべきものである。しかしフツ族がツチ族に対して組織的に虐殺を始めるともうそこには「平和」はない。つまりこのような状況では国連平和活動は国連憲章 7 章に基づく「平和執行」であるはずであったが，任務は 6 章に基づく平和維持であった。少人数で最小限の武装でしかない UNAMIR 兵士が，何十倍の人数もいるフツ族の民兵に対抗することはできなかった。

さらにフツ族は UNAMIR に対して敵意を抱いていた。特にハビャリマナ大統領を強く支持していたフツ族のグループは，ベルギーが RPF に肩入れしていると考えていた。そして大虐殺が始まった最初の夜に 10 人のベルギー兵士を殺害したのである[44]。そして 1994 年 4 月 12 日にベルギー政府は，自国の軍隊をルワンダから撤退させることを表明した。ベルギー兵のなかには，2,000

名のツチ族が避難していたキガリの公立の学校を警護していた者もいたが，撤退命令に従い，4月17日にその学校を去った後に，それまで学校を取り囲んでいたフツ族民兵が学校内に突入し，2,000名のツチ族が瞬く間に殺害された。さらに800人以上の兵士を派遣したバングラデシュ政府もUNAMIRからの撤退を示唆した。そしてついに1994年4月17日国連安保理決議912（1994）は，UNAMIRを270名にまで減らすという決議案を可決した。これは兵力を「270名の減少させる」というよりも「270名を残して全員撤退させる」といったほうが適切である。安全保障理事会のフランス代表は「我々は，ルワンダ紛争の当事者たちが我にかえり，国連がその場に入ることも平和を強制させることもできないということを理解することを望む」と述べた。そしてUNAMIRの軍事要員は4月30日には620名になり，その後400名足らずにまで減少した。簡単にいえば，国連は，そして国際社会はルワンダを見捨てたことになる。確かにアメリカ政府代表は，「今ルワンダで部族紛争が起きているということは認識している」と表明するも「それが虐殺のレベルにまで達していることは確認していない」とした。しかしその一方で，そのアメリカのニューヨーク・タイムズでは，4月19日に国際赤十字の報道官が，ルワンダの首都キガリ周辺では少なくとも40万人の人々が避難し，何十万の人々がすでに殺されているということを報告しているという旨の記事を掲載した。

その後ニュージーランドをはじめとする多くの小規模国家が安全保障理事会に対して再び行動を起こすように促した。その結果1994年5月17日，国連安保理決議918（1994）は，国連憲章7章のもと軍事要員5,500名から成るルワンダにおける新たな国連PKOである第2次国連ルワンダ支援団（UNAMIR II）の派遣を採択した。しかしこのUNAMIR IIに軍隊を積極的に派遣する国はほとんど現れず，5,500名のPKO兵士の予定が最初は354名しか集められなかった。国連は50カ国にUNAMIR IIへの兵士派遣を打診したが，前向きな回答を得られたのはエチオピアだけであった。ほかにも少数の兵士を派遣したのは，コンゴ，ガーナ，ナイジェリア，セネガル，ザンビア，そしてジンバブエというアフリカ諸国のみであった。欧米諸国でPKO要員の提供を表明したのは皆無であった。そのようにUNAMIR IIの要員が十分に確保できない旨を，

国連事務総長が安全保障理事会に報告した6月20日には，すでにUNAMIR
II設立の決議から1か月以上も後であった。その間にも国連難民高等弁務官事
務所（UNHCR）からの報告によると国外に脱出したルワンダ難民は514,000人，
国内避難民は140万人，そして殺害された人々は20万人から50万人と推測さ
れた。そして国連事務総長は，UNAMIR IIのほかに新しい平和執行部隊の必
要性を考え，フランス軍を中心とする重武装の多国籍軍を要請した。そのフラ
ンス主導の多国籍軍は同年6月に設立され，住民・難民保護および人道支援に
あたった。この多国籍軍の展開は約2か月続き，その間フツ族民兵も隣国に逃
亡し，ツチ族主導のRPFが同年7月にはルワンダ国土を掌握し大虐殺は終息
した。UNAMIR IIも1996年3月に撤退・終了した。

　しかし1999年4月から7月の間に殺害されたルワンダ人は80万人とも100
万人ともいわれた。これは明らかに国連をはじめとする国際社会のルワンダへ
の過小介入によるものであり，「武力行使型PKO」ならぬ「武力不行使型
PKO」といえる。事実，国連はその後自らのルワンダへの政策を省み，
UNAMIRの要員を270名に減少することを安全保障理事会で決議した1994
年4月17日を「国連の歴史で一番恥じるべき日」とした。また1999年当時ア
メリカの大統領であったビル・クリントンは，メディアに対して「当時アメリ
カ政府が地域紛争に自国が巻き込まれることに消極的であり，ルワンダで進行
していた殺戮行為がジェノサイド（大虐殺）と認定しなかったことを後に後悔
した」と述べた。また1999年当時UNAMIRを指揮していたカナダ出身の司
令官は，UNAMIRの増員を国連に申し出たものの受け入れられることができず，
虐殺期間も積極的な人命救助ができず，自責の念から1994年8月に司令官を
辞任し，カナダに帰国してからもうつ病に悩まされた。

　国際社会は，湾岸戦争で自信を取り戻し，ソマリアのPKOで自信過剰にな
り，その結果過度な介入をして失敗し，他方で自信を喪失したルワンダでは武
力行使をすべきミッションで過小な介入になった。このようなルワンダでの国
連PKOの消極性が，次に述べる2000年の『ブラヒミ報告書』へとつながっ
ていくのである。

3－9 『ブラヒミ報告書』とシエラレオネでの　　国連 PKO：UNOMSIL と UNAMSIL

　2000 年 3 月よりアルジェリアのラフダール・ブラヒミ（Lakhdar Brahimi）前外相を議長として国連平和活動のあり方について検討・議論した結果，同年 8 月 17 日同議長からアナン国連事務総長に『国連平和活動パネル報告書』いわゆる『ブラヒミ報告書』が提出された。ブラヒミ報告書では国連の平和活動を，1）紛争予防と平和創造，2）平和維持，3）平和構築に分類し，それぞれの分野での改革の必要性を訴えている。そして平和維持のなかに「強化されたPKO（Robust Peacekeeping Operations）」という活動が提唱されている。これはソマリア以降に平和執行（peace enforcement）という活動が非難されつつも，文民保護をする上である程度の武力行使を伴う平和活動の必要性を有することを意味する。そこで国連憲章 7 章に基づき，強化された交戦規定（robust rules of engagement）を伴った「強化された PKO」によって，任務を「国際平和活動者の専門者として（professionally）」そして「成功裏に（successfully）」遂行することを『ブラヒミ報告書』では提唱している [45]。つまり前述したように 21 世紀になりさらに加速する内戦や反人道的暴力から文民を保護すべく，武力行使型の PKO の需要は高まっていったのである。

　その『ブラヒミ報告書』後の最初のテストケースとしてあげられるのがシエラレオネでの国連 PKO である。

　シエラレオネはアフリカ西部に位置し，1961 年 4 月にイギリスから独立した。主要民族として，テムネ族（Temne）とメンデ族（Mende）がそれぞれ国民全体の 30％を占め，ほかのおよそ 12 の部族が残りの 40％を占めていた。シエラレオネでは，アフリカの国々に多々見られるような民族間の紛争は稀であり比較的安定した国家であった。

　しかし 1991 年 3 月フォディ・サンコー（Foday Sankoh）率いる革命統一戦線（RUF）がリベリアのチャールズ・テーラー（Charles Taylor）率いるリベリア国民愛国戦線（NPFL）の援助を受け，リベリア国境付近から武装蜂起した。RUF

は虐殺や略奪を重ね支配領域を拡大し，その支配領域から産出されるダイヤモンドを資金源に勢力を拡大し，ついに首都フリータウンを占領した。1998 年 7 月国連安保理決議 1181（1998）が採択され，国連シエラレオネ監視団（UNOMSIL）が設立された。UNOMSIL は，西アフリカ諸国経済共同体監視団（ECOMOG）とともにシエラレオネの治安にあたったが，監視要員わずか 50 名の UNOMSIL は，軍事要員 13,000 名の ECOMOG と比較すると微々たるものであった。1999 年 7 月にはロメ和平合意（The Lome Agreement）がなされ，国連監視下での武装解除と引き換えに RUF の政治参加が認められた。

　1999 年 10 月 22 日国連安保理決議 1270（1999）により，UNOMSIL に代わり国連シエラレオネ派遣団（UNAMSIL）が設立された。UNMASIL は当初は最大6,000 名の軍事要員の設定であり，その任務も和平合意の遵守，国内選挙の実施援助，武装解除・動員解除・社会復帰（DDR）の支援に限られていた。しかし ECOMOG の任務終了に伴い，2000 年 2 月 7 日国連安保理決議 1289（2000）により軍事要員の上限を 11,000 名とした。そして新たに国連憲章 7 章に基づく「強化された PKO」としてソマリアの特にフリータウンの主要拠点や政府建物，主要空港の安全確保の任務が加わった[46]。

　しかし国連の PKO 局は，UNAMSIL の要員増強に困難を伴った。これはコソボ，東ティモール，コンゴ民主共和国への国連 PKO 派兵と時期が重なってしまったことや，欧米諸国の「国連 PKO 離れ」に起因すると考えられる。さらに UNAMSIL 設立初期においては，事前訓練や設備・軍備の充足の面で，さらには司令官のリーダーシップの面で大きな問題が生じていた。

　上記のような懸念を伴う過程において 2000 年 5 月 RUF による UNAMSIL 兵士の人質拘束事件が起きた。これに対して UNAMSIL のケニアとインドの部隊が "Operation *Khukri*" と名付けられた軍事作戦を敢行した。同時にイギリス軍が陸軍・海軍総勢 4,500 名が，独自の軍事作戦 "Operation *Palliser*" の下で平和執行活動を行い，フリータウンのルンギ（Lungi）国際空港の安全を確保した。一方 5 月 17 日 RUF のサンコンがフリータウンで逮捕され，RUF の士気は著しく低下した。そして 2000 年 6 月までに人質になった UNAMSIL 兵士は解放された。6 月 15 日イギリス軍の Operation *Palliser* は成功裏に終了し

た。Operation *Palliser* 終了後もイギリス軍はシエラレオネに残り，UNAMSIL の Operation *Khukri* の援助，さらには沖合そしてフリータウン市内のパトロールを継続した。UNAMSIL も 2001 年 12 月までにシエラレオネの全地域にまで展開するようになった [47]。

このように UNAMSIL は，総括をすれば「強化された国連 PKO」として重要な機能を果たした。一方でイギリス軍の援護も功を奏したといえる。サンコンの逮捕も RUF にとって大きなダメージを受けたことも UNAMSIL にとっては好転したきっかけとなった。また一方で 2000 年 5 月の UNAMSIL 兵士の人質拘束事件とほぼ同時期に『ブラヒミ報告書』によって提唱された「強化された PKO」の実行がこのシエラレオネでなされたことは意義深い。アメリカ資本で訓練を受けたナイジェリア部隊やさらにパキスタン部隊が十分な軍備をもって介入したことも UNAMSIL に大きな影響を与えた。このように UNAMSIL は，国連からから最大級の支援 [48] を受けたのみならず，イギリスとアメリカという大国から支援を受け国際社会からも政治的意思を受けることができた。このように国際社会からのコミットメントが「強化された PKO」を良好に機能せしめたといえる。

一方 UNAMSIL は，「武力行使型の PKO」のみならず「国家構築型 PKO」という複合型 PKO に分類することもできる。UNAMSIL のさらなる重要な任務である 72,000 名のシエラレオネ民兵を武装解除し社会復帰させる DDR プログラムも 2002 年 1 月に完了した。2002 年 5 月には UNAMSIL の監視下において総選挙が成功裏に実施され，アーメド・テジャン・カバ（Ahmed Tejan Kabbah）大統領が再選され，RUF は議席を失った。また UNAMSIL は，UNICEF や NGO と共同してシエラレオネ国内の 7,000 人から 10,000 人の少年兵の社会復帰にも尽力を尽くした。その結果 2003 年 7 月にはその 97％の少年兵がそれぞれのコミュニティーや家族の下に帰還した [49]。

2004 年 9 月 UNAMSIL は，シエラレオネ国内の治安上の責任を UNAMSIL からシエラレオネ政府へ移譲した。そして 2005 年 12 月に UNAMSIL 全部隊がシエラレオネから撤退し，その任務が終了された。

【注】

1）古藤晃『世界の紛争ハンドブック』研究社 2002 年 p. 150

2）毎日新聞社外信部（編著）『世界の紛争がよくわかる本』東京書籍 1999 年 p. 148

3）古藤晃『世界の紛争ハンドブック』研究社 2002 年 p. 163

4）北村治「保護する責任と介入の正義」内田孟男（編）『地球社会の変容とガバナンス』中央大学出版部 2010 年 p. 72

5）北村治「保護する責任と介入の正義」内田孟男（編）『地球社会の変容とガバナンス』中央大学出版部 2010 年 p. 63

6）Doyle M. W., Johnstone I., and Orr R. C. "Introduction" in Doyle M. W., Johnstone I., and Orr R. C. (eds.) *Keeping the Peace: Multidimensional UN Operations in Cambodia and El Salvador* (Cambridge：Cambridge University Press, 1997), p. 2

7）Bellamy A. J., William P., and Griffin S. *Understanding Peacekeeping* (Cambridge：Polity, 2004), p. 111

8）Thakur R. and Schnabel A. "Cascading Generations of Peacekeeping: Across the Mogadishu Line to Kosovo and Timor" in Thakur R. and Schnabel A. (eds.) *United Nations Peacekeeping Operations: Ad Hoc Missions, Permanent Engagement* (Tokyo：United Nations University Press, 2001), p. 12

9）Forta P. V. "United Nations Transition Group" in Durch W. J. *The Evolution of UN Peacekeeping* (New York：St. Martin's Press, 1993), pp. 353-355

10）James A. *Peacekeeping in International Politics* (London：MacMillan, 1990), p. 264

11）Jeffery M. K. "The United Nations Transition Assistance Group (UNTAG) in Namibia" in Cox D. and Legault A. (eds.) *UN Rapid Reaction Capabilities: Requirements and Prospects* (Clementsport：The Canadian Peacekeeping Press, 1995), pp. 127-135

12）Bellamy A. J., Williams P., and Griffin S. *Understanding Peacekeeping* (Cambridge：Polity, 2004), p. 117

13）James A. p. 267

14）Bellamy A. J., Williams P., and Griffin S. p. 115

15）高井晋『国連 PKO と平和協力法』東京 真正書籍，1995 年，p. 63

16）Sitkowski A. *UN Peacekeeping: Myth and Reality* (Westport, Connecticut：Praser Security International, 2006), p. 92

17）Bellamy A. J., Williams P., and Griffin S. *Understanding Peacekeeping* (Cambridge：Polity, 2004), pp. 122-126

18）池上彰『わからなくなった世界情勢の読み方』講談社 2001 年 p. 30

19）外務省資料「国連コソボ暫定行政ミッション：United nations Interim Administration Mission in Kosovo (UNMIK) 2016 年 4 月

20) Lemay-Hebert N. "State-building from the outside-in : UNMIK and its paradox", *Journal of Public & International Affairs,* Vol. 20, Spring 2009, p. 69

21) Analysis : "The UN in Kosovo-success or failure?" hrttps : //www.eureporter.co/world/2015/04/17/analysis-the-un-in-kosovo-success-or-failure/ Accessed on 17 September 2016.

22) Murphy R. *UN Peacekeeping in Lebanon, Somalia and Kosovo: Operational and Legal Issues in Practice* (Cambridge : Cambridge University Press, 2007), p. 80

23) UN Document S/2015/303 *Report of the Secretary-General on the United Nations Interim Administration Mission in Kosovo,* 27 April 2015, paras. 32-34

24) Roberts A. "The Crisis in UN Peacekeeping," *Survival,* Vol. 36, No. 3, Autumn 1994, pp. 102-104

25) Thadoor S. "Should UN Peacekeeping Go 'Back to Basic'?", *Survival,* Vol. 37, No. 4, 1995, p. 61

26) チャイルダー氏が、「更なる」国連の失敗であると敢えて述べた背景には、冷戦時代における米ソの拒否権の過剰な発動による安全保障理事会の機能的麻痺を「最初の」国連の失敗と捉えていると思われる。

27) Childers E. "Peacekeeping's Great Power Handicap", *War Report,* Issue 28, September 1994, p. 29

28) Annan K. "UN Peacekeeping Operations and Cooperation with NATO", *NATO Review,* Vol. 41, No. 5, October 1993, p. 4

29) Annan K. "Peace Operations and the United Nations : Preparing for the Next Century", An unpublished paper, New York, February 1996

30) Curtis W. "The Inevitable Slide into Coercive Peacemaking: The UN Role in the New World Order", *Defence Analysis,* Vol. 10, No. 3, 1994, p. 312

31) Fetherson A. B. *Toward a Theory of United Nations Peacekeeping* (London : Macmillan, 1994), pp. 20-21

32) 世界情勢探究会『世界紛争地図』角川 SSC 新書 2010 年 p. 143

33) 毎日新聞社外信部（編著）『世界の紛争がよくわかる本』東京書籍 1999 年 p.102

34) 高井晋『国連 PKO と平和協力法』p. 64

35) Adebajo A. , *UN Peacekeeping in Africa: From the Suez Crisis to the Sudan Conflicts* (Boulder : Lynne Rienner Publishers, 2011), p. 174

36) Boulden J. *Peace Enforcement: The United Nations Experience in Congo, Somalia, and Bosnia* (Westport : Praeger, 2001), pp. 59-61

37) Durch W. J. "Introduction to Anarchy : Humanitarian Intervention and State-building in Somalia", in Durch W. J. (ed.) *UN Peacekeeping. American Policy, and the Uncivil*

第 3 章 ポスト冷戦期の新型国連平和維持活動 ◎── 55

Wars of the 1990s (London：Macmillan, 1997), p. 343

38) Ibid. p. 63

39) Lindenmayer E. *The United Nations and the Collective Use of Force: Whither or Whether?* in Morrison A., Douglas A., Fraser and James D. Kiras J. (eds.) *Peacekeeping with Muscle: the Use of Force in International Conflict Resolution* (Clementsport：The Canadian Peacekeeping Press, 1997), p. 175

40) Albright M. K., Lake A., and Lieutenant General Clark W. *Executive Summary: The Clinton Administration's Policy on Reforming Multilateral Peace Operations*, 5 May 1994, p. 315

41) Adebajo A. *UN Peacekeeping in Africa: From the Suez Crisis to the Sudan Conflicts*, p. 175

42) 外務省「平和のための課題」(92.6) と「平和のための課題の追補」(95.1) の比較 http://www.mofa.go.jp/mofaj/gaiko/bluebook/96/note2-5.html. accessed on 23 August 2016

43) 21 世紀研究会編『民族の世界地図』文藝春秋 2000 年 p. 192

44) Vaccaro J. M. "Politics of Genocide：Peacekeeping and Disaster Relief in Rwanda", in Durch W. J. (ed) *UN Peacekeeping, American Policy, and the Uncivil Wars of the 1990s* (London：Macmillan, 1997),

45) UN Document A/66/305, S/2000/809, 21 August 2000, para. 55

46) United Nations Mission in Sierra Leone：Mandate http://www.un.org/en/peacekeeping/missions/past/unamsil/mandate.html. Accessed on 23 August 2016

47) Berman E. G. and Labonte M. T., Sierra Leone, in Durch W. J. (ed.) *Twenty-First-Century Peace Operations* (Washington DC：United States Institute of Peace, 2006), pp. 141-227

48) Ibid. p. 206

49) Ibid. 188-189

第4章

伝統的国連平和維持活動のケース
―国連レバノン暫定駐留軍（UNIFIL）―

4－1　レバノン情勢とUNIFILの設立

　かつては「中東のスイス」と称されたレバノンは，国内の各宗教によって結成された武装集団間の紛争，そして長年にわたって繰り広げられたアラブ国家とイスラエルとの間の中東戦争での戦場舞台となったことにより大きな苦境に陥っていた。実際に，1990年代前半にレバノン国内に駐留する武装勢力は，イスラエル軍のほかにも，アマル（Amal），ヒズボラ（Hezbollah），ドルーズ派（Druz），南レバノン軍（SLA），シリア軍，イスラエル軍，イラン革命軍（Iranian Revolutionary Force），パレスチナ解放機構（PLO）などが駐留しており，それぞれがその政治的・軍事的政策の下に牽制しあい，時には紛争を起こすという状況であった。レバノンは，「他人の戦争の最たる犠牲者」[1]であったといえる。

　1960年代から70年代には，レバノン政府はすでに自国内のすべての武装勢力を統率する能力を持ちえていなかった。その当時とりわけ大きな勢力を有していたのはPLO，キリスト教民兵，そしてシリア軍であった。PLOは，それまでヨルダンに拠点を置き，そこからイスラエル領土に攻撃していた。その後，ヨルダンのフセイン王の決断によりPLOはヨルダンから追放され，レバノン南東部にあるアルクーブ（Arqoub）という地域に新たに軍事基地を設立した。しかしPLOとイスラエルとの敵対関係の結果，このアルクーブにそれまで住んでいたイスラム・シーア派住民はベイルートなどへの移住を余儀なくされた。それでも多くのイスラム系レバノン人は，PLOのイスラエルに対する

第4章　伝統的国連平和維持活動のケース　◎── 57

抗争を支持していた。一方レバノン内のキリスト教・マロン派教徒（Maronite）は，パレスチナ人はレバノン国内においては結束力の問題，そして国内外においては安全保障上の問題において脅威になりうるとして，PLO のレバノンにおける駐留に反対した。その結果，マロン派を中心とするレバノン陸軍とPLO との間で 1969 年 5 月から 10 月まで交戦状態が続いた。そして 1969 年11 月に締結されたカイロ合意において，レバノン政府は自国内での PLO の武装を合法化し，PLO に譲歩した形となった。その見返りとして PLO は，レバノンの内政には干渉しないということに合意した。しかしレバノン政府の大きな懸念材料として，PLO は隣国シリアから多額の財政，および軍事支援を受けていたことがあげられる[2]。

　シリア軍もまた 1975 年当時イスラエルから支持を受けていたキリスト教徒武装集団と PLO から支持を受けていたレバノン国民活動（LNM）というイスラム系左翼グループとの間で勃発した「レバノン内乱」を鎮圧するため，レバノンに軍事介入を行った。よってシリア軍のレバノン領土内での駐留に関する正当性も認められていた[3]。さらにキリスト教武装集団もまたその当時レバノン政府軍としてのその任務が公認されていた。

　要約すると 1970 年代のレバノンは「イスラエル対 PLO」そして「キリスト教武装集団対イスラム教武装集団」という 2 つの大きな対立を抱え，そのことがレバノンの政情を不安定化させる要因となった。そしてレバノンにおける 3 大武装集団である PLO，キリスト教武装集団，シリア軍，においては，それぞれレバノン内の駐留が正当化されており，このことが後に活動する国連レバノン暫定軍（UNIFIL）の遂行に際して多大な困難を要したといえる。

　そのような武装集団のなかでも，とりわけ PLO の活動は南レバノンにおいてはその勢力を強め，そこから 1949 年に合意された休戦境界線（Armistice Demarcation Lines）を越して，イスラエル北部の町において頻繁に敵対行為を続けた。PLO によるカチューシャ・ロケット弾がイスラエルとの国境付近に頻繁に投下された。このような攻撃は国境付近のイスラエルの住民の生活を著しく困難にせしめた。特にそのようなロケット弾の攻撃を受けている間，人々は何時間も地下シェルターでの避難を強いられた[4]。イスラエル軍の PLO への

攻撃は，大体においてPLOへの報復措置であった。しかしその報復措置は迅速かつ大規模なものであった。

1978年3月11日イスラエルの都市テルアビブ近郊で運行されるバスにPLOが砲撃を行った。その後イスラエル軍兵士とPLOゲリラ兵士との間で銃撃戦が勃発し，双方合わせて37名が死亡し76名が負傷した。この一連の事件がUNIFIL設立の直接の契機となった。イスラエル軍は，報復措置として同年3月14日・15日にかけてレバノンに侵攻し，その後数日間のうちにPLOの軍事基地であるタイヤ（Tyre）とその周辺の都市以外の南レバノン全域を占領した。これは「リタニ作戦 Operation *Litani*」と呼ばれている。

アメリカのジミー・カーター（Jimmy Carter）大統領は，このイスラエルの南レバノン侵攻に深い懸念を示し，当時エジプトとイスラエル間で進行中であった和平交渉に影響を与えかねないと考えた。そしてアンドリュー・ヤング（Andrew Young）アメリカ国連大使がUNIFILを設立すべく国連安全保障理事会の決議書を起案し，それが3月19日国連安保理決議425（1978）として採択された。その決議425におけるUNIFILの任務は次の3つであった。

　1）イスラエル軍の南レバノンからの撤退を監視する
　2）南レバノンの安全保障を回復させる
　3）南レバノンにおけるレバノン政府の実行力のある権威の回復を援助する

安全保障理事会におけるこの決議425（1978）の採決に際して，アメリカをはじめ12カ国は賛成票を投じたが，ソ連とチェコスロバキアは棄権に回り，中国は不参加であった。安全保障理事会において，とりわけソ連の代表トロヤノフスキー（Troyanovsky）は今回のイスラエルの侵攻を，南レバノンの占領そしてパレスチナ人の抵抗運動の破壊と位置付け厳しく非難した。よって彼はUNIFILにかかるすべての費用はイスラエル1国が負担すべきと主張し，それを契機に1986年までソ連とワルシャワ条約機構加盟国は，UNIFILにかかる費用の負担を拒絶した[5]。実際に1978年当時ソ連はアメリカ主導で行われていたエジプト・イスラエル間の和平交渉に懐疑的であり，よって同じくアメリカ主導で行われようとする新たな中東での国連ミッションであるUNIFILに

公に賛同することはできなかった。一方，中国は国家における民族自決および内政不干渉の原則を支持していたゆえ，UNIFIL のみならず国連 PKO 全般に距離を置いていたといえる。このように UNIFIL は，ソ連と中国から全面的な賛同を得られないながらもその活動を開始することとなった。

4－2　UNIFIL の設立

1978 年 3 月 20 日ガーナのエルスキン陸軍大将（General Emmanuel Erskin）は，UNIFIL の最高司令官に任命され，UNIFIL の本部をナクーラ（Naqoura）に定めた。UNIFIL 行政官であるシラスヴォ大将（General Ensio Siilasvuo）は，イスラエル政府に対して，イスラエルが延滞なくレバノンから撤退することを確約する協定を結ぶ交渉を開始した。またエルスキンとジェームス・ジョナ（James Jonah）国連事務次官代行は，PLO のヤセル・アラファト（Yasser Arafat）議長と会合し，UNIFIL の任務の概略を説明し，彼に UNIFIL への協力を求めた。このようなエルスキンやシラスヴォの「シャトル外交」は，南レバノンにおける平和創造プロセスの枠組みを作成する上で重要な役割を果たした。

UNIFIL の要員規模に関しては当初 4,000 名が妥当であると考えられていたが，1978 年 4 月にクルト・ワルトハイム（Kurt Waldheim）国連事務総長が現地に視察し，その後エルスキンと検討した結果，同年 5 月に採択された国連安保理決議 427（1978）では，その予定規模が 6,000 名に増員された。その結果 1978 年 6 月中旬には世界各国から約 6,100 名の部隊が UNIFIL に配置された。その UNIFIL の貢献国の内訳は，歩兵部隊としてノルウェー 723 名，フランス 703 名，ナイジェリア 669 名，アイルランド 665 名，ネパール 642 名，セネガル 634 名，イラン 514 名，フィジー 500 名，後方部隊としてフランス 541 名，ノルウェー 207 名，カナダ 102 名であった[6]。当時国連安保理常任理事国は，国連 PKO への部隊派遣は行わないことが原則であったが，フランスはレバノンの植民地時代における宗主国であったため，フランスは例外的に UNIFIL へ部隊を派遣した。また同じ中東の国連休戦監視機構（UNTSO）より 42 名の軍事監視団が UNIFIL を援助するために 1978 年 4 月 1 日よりレバノン監視グ

ループ（OGL）として UNIFIL の指揮の下に結成された。

UNIFIL の任務は，概ね3段階から構成された。まずイスラエル軍の撤退を監視すること，次に南レバノンを平和な情勢へ回復させること，そして最終段階としてその地域全体をレバノン政府の管理下に戻させることであった[7]。このような責務に対して，さまざまな任務が UNIFIL に要求された。まず活動全領域を通して，道路ブロックやチェックポイントを主要道路に設け，車両，人，軍備品などがチェックされた。次に主な潜入ルートに監視ポストを設立し，各武装勢力のほかの勢力地域への潜入を未然に防いだ。また徒歩あるいは車両によるパトロールを主要幹線道路や村々に至るまでに実行し，UNIFIL の存在を最大限に発揮した。さらに夜間に不定期に傾聴ポストを設置し，非公認の武装グループなどの発見に努めた[8]。ワルトハイム国連事務総長から国連安保理への報告によると，このような任務を効果的に遂行するために次のような条件が満たされるべきであると指摘されている。

a．UNIFIL は，国連安全保障理事会から十分な信頼や支持をいつでも得ていなければならない。

b．UNIFIL は，関係政府および各派武装勢力から十分な協力を得て任務を遂行しなければならない。

c．UNIFIL は，社会に調和し実効力のある部隊でなければならない[9]。

4－3　UNIFIL 初期の活動状況

設立初期（ここでは 1978 年から 1982 年にかけて）の UNIFIL はその任務を遂行できたといえるであろうか。ここでは前述した国連安保理決議 425（1978）に定められた UNIFIL の3つの任務をその設立初期の遂行状況と照らし合わせて論じてみる。

4－3－1　イスラエル軍の南レバノンからの撤退を監視する

この任務の遂行は，UNIFIL の活動状況に直接的に大きな影響を与える。なぜならばイスラエルが撤退する領域と UNIFIL が活動する領域は密接に関与

第4章　伝統的国連平和維持活動のケース　◎── 61

しているからである。いい換えれば，この任務は UNIFIL にとって緩衝地帯を形成する上でとても重要ということである。

　イスラエル軍の南レバノンからの撤退は，3段階で行われる計画であった。第1段階のイスラエル軍の撤退は 1978 年4月 11 日に完了し，その結果南レバノンの北東地域と東部の一部の地域の統治権は UNIFIL に移譲された。4月 13 日第2段階としてイスラエル軍は，リタニ川（The Litani River）の南東部から撤退した。しかし 1978 年6月 13 日イスラエル軍は最終段階として南レバノンの残りの全地域から撤退する際に，別名「実質軍（DFF）」と呼ばれるキリスト教武装勢力の指揮官であるサード・ハダド少佐（Major Saad Haddad）にその統治権を移譲した。その結果 DFF が支配した領域は，UNIFIL の活動領域の実に 30% を占めることとなった。イスラエルは 1978 年3月の南レバノンへの侵攻の目的は，PLO との直接衝突を避けるためにレバノンとその国境から 10km 先に「安全地帯（security zone）」を形成するということであった。その意味においてイスラエルはその地域から撤退しながらも DFF という，いわばイスラエルに従属する民兵集団が支配することになり，その目的を達したといえる。この「安全地帯」を形成するというイスラエル側の政策は，後に UNIFIL がこの任務を遂行する上で大きな障害になった。

4－3－2　南レバノンの安全保障を回復させる

　UNIFIL は，南レバノンに設立されて以来 PLO・イスラエル双方からも十分な合意を得なかった。よって UNIFIL は設立以来数多くの活動上の困難に直面した。とりわけ設立初期においては，DFF からの脅迫行為が特に深刻であった。1979 年1月のワルトハイム国連事務総長からの報告書によると，その当時 DFF が関与した事件・事故は連日のように発生していた。UNIFIL の軍事施設のなかでもとりわけ中東部地域においては，至近距離からの迫撃砲を含むさまざまな攻撃を受けた。DFF は自分達を支持しない一般市民も標的にしてさらなる攻撃を加えた。その結果多くの市民は，より安全な場所へ避難せざるを得なくなった [10]。一方アラブ・パレスチナ側の武装集団（Armed Elements）に関しては，特にパレスチナゲリラによる UNIFIL の活動地域への

潜入の企てが継続的に行われた。たとえば，国連からの報告書によると，1979年6月9日から12月10日までの6ヶ月間の間に785人の武装民兵を含む計110回の潜入行為が記録されている[11]。

一方UNIFILの武装集団に対する潜入防止策は，時として深刻な事件に発展した。たとえば1979年8月14日，ナイジェリア部隊がある武装集団のUNIFIL活動地域への潜入を阻止した直後に，同じくナイジェリアの別のパトロール部隊が身元確認の武装集団から奇襲攻撃を受けた。10日後の8月24日には2台のフィジー部隊のパトロール車両が武装集団から奇襲攻撃を受け，その結果2人のフィジー兵士が死亡し，別の2人が負傷した。さらに同年10月2日にはセネガル兵士1人がチェックポイントでの任務の際に銃撃され負傷した。すなわち1979年の数カ月以内において，多くの頻度でUNIFILの兵士が武装集団から攻撃や威嚇行為を受けていたのである[12]。

さらにUNIFILの活動領域において，飛び領土を支配しているDFFとタイヤ渓谷（the Tire Pocket）やリタニ川北岸に駐留する武装集団との間での銃撃戦が頻繁に行われていた。その銃撃戦においてイスラエル兵士がDFFに加わっていたことも珍しくなかった。その銃撃戦のなかにはそのよう砲撃弾がUNIFIL駐屯地のわずか数メートル内の所に落ちることもあり，そのような状況はUNIFILの現場の兵士のみならず，派遣国政府，国連本部にとっても深刻な懸念材料であった[13]。

このような交戦状況のなかで，最も深刻であった事件の1つに「マスガブアム（Masgav Am）」事件がある。これは1980年4月6日から7日にかけて5人のパレスチナ人テロリストグループがイスラエルとの国境を超え，イスラエルのキブツであるマスガブアムに侵入し，多くの女性や子供を含むイスラエル市民を殺害した事件である。

南レバノンの緊迫した情勢は，UNIFIL兵士も多大な犠牲をもたらした。1982年6月におけるデクレアル国連事務総長からの報告書によると，1978年のUNIFIL設立以来，75名のUNIFIL兵士が死亡した。その内訳は34名が銃撃や爆撃あるいは地雷爆破により，31名が不慮の事故により，10名が自然死によるものであった。そして115名が負傷したという報告書も出されてい

る[14]。

　よって UNIFIL が南レバノンの安全保障の向上に多大に貢献したとはいい
難い。確かにこの時期の国連事務総長の報告書にも書いてあるように
「UNIFIL の貢献がなければこのような敵対行為は，すべてに過度な緊張を強
いられているレバノンにおいて新たな危険分子を生み出していた」[15] かもしれ
ない。しかしこれまで記述したようなイスラエル，PLO，その他の武装集団を
巻き込んだ交戦状態，そしてそれによる一般市民や UNIFIL 兵士を含む多数
の犠牲者を考慮すれば，この「南レバノンの安全保障を回復させる」という任
務の遂行を前向きに評価するのは難しいといえる。

4－3－3　南レバノンにおけるレバノン政府の実効力のある権威の回復 を援助する

　この任務は上記にあげた 2 つの任務と比較してもとりわけ遂行困難なものと
考えられる。なぜならばレバノン政府は，1960 年代以来その国家全土にわた
りその主権を行使することができなかったからである。

　この任務を遂行する最初の試みは，UNIFIL の駐留地域にレバノン政府から
派遣された文民の行政局を配置することであった。その結果 1978 年 6 月から
7 月にかけてタイヤ地域に行政官を配置し，さらにその地域の 5 か所にそれぞ
れ 100 名の憲兵を駐在させた。それら憲兵は次第に常勤の警察機能を果たすよ
うになった[16]。

　次の試みは，アメリカからの提案としてレバノン政府軍の南部への駐留で
あった。イスラエルはこの件に関しては干渉しないという当時のワイツマン
（Weizman）外相からの確約にもかかわらず，このレバノン政府軍の歩兵部隊
は，1978 年 7 月 31 日 UNIFIL 駐留地域の北西部に位置するカウカバ
（Kawkaba）という町への進軍中にハダド率いる DFF から砲撃を受け，さらな
る進軍を阻止された[17]。

　しかし 1979 年 1 月 19 日，国連安保理決議 444（1979）が採択され，南レバ
ノンにおけるレバノン政府の権威の回復を促進する実行案が採択された。この
実行案は先述した，1）南レバノンにおけるレバノン人民行政官配置の増加，2）

UNIFIL 駐留地域内におけるレバノン政府軍歩兵部隊の導入のほかに，3) 南レバノンにおける停戦状況の強化，4) 飛び領地における UNIFIL のさらなる駐留要員の増加，という 4 つの段階から構成された[18]。その結果 DFF からの激しい敵対行為にもかかわらず，1979 年 4 月に兵力 500 名のレバノン政府軍歩兵部隊が UNIFIL 駐留地域に配置され，その 2 年後の 1981 年 6 月には 2 隊目の歩兵部隊が配置され，総軍事要員が 1,350 名になった。

　しかしこれらの歩兵部隊の配置が PLO，DFF，シリア軍などの当時レバノンに駐留していた外部からの武装勢力に強い影響力を与えたとはいえず，よってレバノン政府が南レバノンにおける政治的権威を回復させたとはいい難い。実際に PKO 研究の権威であったアラン・ジェイムス（Alan James）も「結局，この当時のレバノン政府軍の南レバノンの配置は形だけのジェスチャー，あるいはレバノン政府からの単なる象徴に過ぎなかった」と述べている[19]。

　要約すると設立初期の UNIFIL は，国連安保理決議 425（1978）に要求した任務を遂行したとはいい難い。実際に 1978 年から 1979 年にかけての国連事務総長からの UNIFIL に関する報告書のなかには「現在の UNIFIL の状況は，受け入れられるものではない」とか「UNIFIL の活動における進歩はほとんど見られない」といった否定的な記述が多く，これと同様の内容の文面がその後の報告書にも繰り返し記述されている。

4－4　任務が遂行できない要因

　このように UNIFIL は，その設立初期の段階において任務を遂行させることは非常に困難であった。それではその任務の遂行を妨げた要因は何か。この疑問に答えるためには，先述したワルトハイム国連事務総長からの報告書における任務を効果的に遂行するための 3 つの条件が満たされていたかを議論すべきである。

第4章　伝統的国連平和維持活動のケース　◎—— 65

4－4－1　議論1「UNIFIL は，国連安全保障理事会から十分な信頼や支持をいつでも得ていなければならない」

　先述したように，まず国連安保理決議425（1978）の採択において，ソ連と中国はそれぞれ棄権と不参加であり，UNIFIL の設立には前向きな理解を示さなかったことを念頭に置く必要がある。

　アメリカは，イスラエルの南レバノンからの撤退の監視を任務とするUNIFIL それ自身を提唱した国であったが，その影響力を行使するには政治的背景からは難しい状況であった。一方ではアメリカは UNIFIL の任務の遂行を阻止することを企てるイスラエルの行為を抑制することができる唯一の国家であると同時に，他方では同国は安全保障理事会において，イスラエルの国益を保護することを半ば義務付けられている国家でもあった。実際に当時のアメリカ国連代表は，安保理におけるイスラエルに対するいかなる非難にも賛同せず，「UNIFIL に関する安保理決議における（アメリカの）拒否権は UNIFIL の立場を著しく苦境に追い込むであろう」と公言している[20]。UNIFIL 設立当時のアメリカのカーター政権が UNIFIL に対して高い政治的意思を持ち合わせていたかについては，前国連事務次長のブライアン・アークハート（Brian Urquhart）によって次のような懐疑的な意見が述べられている。

　1978年に UNIFIL が設立された時，どうしてアメリカに熱狂的なものが UNIFIL に芽生え得ることができようか。なぜならばその当時アメリカはキャンプ・デービッド交渉の真最中にあったからだ。よってその当時南レバノンにおけるイスラエルの行為に対して無作為のままであれば，このキャンプ・デービッド交渉が頓挫すると懸念されたのだ。よって当時の国連大使のアンディー・ヤング（Andy Young）が安保理決議425を推し進め UNIFIL が設立されたにすぎない[21]。

　カーター大統領は，自叙伝のなかで1978年9月のキャンプ・デービッド交渉の最中にエジプトのサダト大統領から，「アメリカはレバノンの状況に対して多くの時間を割く意思はあるのか」と聞かれたと述べている。その際にカー

ターは「現在のレバノンの危機的状況に対しては，アメリカの直接的な国益が見出せない以上，この継続するレバノンの悲劇を永久的に解決すべく具体的な努力を模索しない」と返答したことをその自叙伝のなかで認めている[22]。アラブ諸国も同様に考え，レバノン情勢の問題よりもキャンプ・デービッドの和平交渉やイラン・イラク戦争により大きな関心を寄せていた。要約すれば，南レバノンはその当時国際社会においては，あまり地政学上重要でない地域であったといえる。

さらに UNIFIL と同様に 1970 年代に設立された第 2 次国連緊急隊（UNEF II, 1973-79）と比較すると，米ソのような超大国の外交レベルにおける双方の紛争への対応が大きく異なっていたことは特筆すべきである。すなわち UNEF II に関しては，本書でも前述しているように，その設立後においても，アメリカのヘンリー・キッシンジャー国務長官による「シャトル外交」により，関係諸国あるいは武装集団からの高いレベルでの協力体制と効果的な任務の遂行が可能になった。実際に UNEF II に関するエジプト・イスラエル間における和平プロセスとして，以下のような幾重もの外交努力がなされた。

1973 年　中東問題に関するジュネーブ会議
1974 年　エジプト・イスラエル間第 1 次兵力引き離し協定
1975 年　同第 2 次兵力引き離し協定
1978 年　キャンプ・デービッド協定
1979 年　イスラエル・エジプト和平協定

キッシンジャーのシャトル外交は，ゴラン高原におけるイスラエル・シリア両軍の兵力引き離しを目的として設立された，国連兵力引き離し監視隊（UNDOF）の設立にも大きく貢献した。そのような高い外交的・政治的レベルの努力が，UNEF II や UNDOF の活動にも良好な影響を与えたのであった。しかしながらそのような努力が南レバノンでは見られなかったのである。UNIFIL の活動の効率や効果といった問題は，政治的側面に大きく影響を受けたといえる。

４－４－２　議論２「UNIFIL は，関係政府および各派武装勢力から十分な協力を得て任務を遂行しなければならない」

　この条件は，国連 PKO を適切に機能させる上でも最も根本的なものである。PKO の設立は，その活動地域において敵対状況が緩和され，停戦合意がなされるまで待たなければならない。各政府や武装勢力から十分な協力を得るためには，国連は彼らにその PKO の目的や双方にとっての利益を理解させたうえで PKO 設立の合意を得なければならない。その見返りとして国連 PKO は，その設立後においては各武装勢力の間で中立な政策をとらなければならない。しかし UNIFIL に関しては，南レバノンにおいてそのようなプロセスがとられることはなかった。

　実際に当時南レバノンの政情をすでに理解していた者は，その地に国連 PKO を設立することに深い警戒感を抱いていた。たとえば当時中東における PKO の調整官を務めていたシラスヴォは，UNIFIL 設立の考えに強く反対し，ニューヨークの国連本部に自ら赴き，その考えを強く改めるよう強く訴えたという [23]。

　同様に，非同盟諸国のなかにも UNIFIL（国連レバノン暫定軍）がその名称のような「暫定的な」駐留ではなくなるのではないかと懸念する国も現れた [24]。国連事務局でさえも当時の南レバノンの不穏な状況を鑑み，その設立の考えに対して決して前向きではなかった [25]。つまり UNIFIL はアメリカの強い圧力によってやむを得ず設立されたのである。

　UNIFIL における任務の不明瞭なところも各武装勢力から十分な協力体制を得られなかった一因である。国連安保理決議425（1978）は妥協と即興の産物であり，その任務も具体性に欠ける。その結果，関連各派は UNIFIL の任務に対して異なった認識を持っていた。たとえばイスラエルは，UNIFIL が PLO の拠点であるタイヤやカスミヤ橋を含んだリタニ川南岸の全域を支配することを望んでいた。PLO は，タイヤやカスミヤ橋はイスラエルが占領した地域ではないゆえ，その地域への UNIFIL の駐留には反対であった。レバノン政府は，実質 UNIFIL に白紙委任をしていた [26]。1969 年のカイロ協定により，PLO のレバノンにおける駐留が合法化されたために，一般的に UNIFIL は

「PLO 寄り」であると考えられていたが，その PLO でさえも南レバノンにおける UNIFIL の駐留には反対であった。PLO のイスラエルへの威嚇攻撃が UNIFIL の駐留によって間違いなく阻止されるであろうと考えたからである。よって南レバノンにおいては停戦合意の締結は望まれていなかったといえる。

UNIFIL の中立性に関しては，国連安保理決議 425（1978）に照らし合わせれば，当然ながら UNIFIL は中立性を保って任務にあたっていたはずであるが，イスラエルは UNIFIL が「過度に PLO 寄り」であったと主張している。たとえば UNIFIL は PLO の UNIFIL 駐留地域での非軍事物資の供給を許可したり，チェックポイントなどで一度没収した武器でも一定の期間を過ぎると PLO に返却したりすることをイスラエルは非難した。またイスラエルは，UNIFIL が PLO の UNIFIL 駐留地域やイスラエルへの潜入行為を阻止する任務を非難し，さらに UNIFIL は時折 PLO と協力体制であるとさえ主張していた。国連高官もまたパレスチナ勢力が UNIFIL 活動地域に潜入し続け，それが原因で 1978 年から 1982 年にかけて UNIFIL 活動地域における PLO 側の支配地が徐々に増大していたことを認めた [27]。

さらにイスラエルのイェフダ・ブラム（Yehuda Blum）国連大使もまた中東問題に関しては，国連安保理はイスラエルのアラブ政策を非難するアラブ国家からの審議要請は受けても，イスラエルに対するアラブ側のテロリスト攻撃を安保理の議題にあげたことがないと非難した。それにもかかわらず UNIFIL 兵士の武装勢力からの敵対行為による犠牲者の数においては，DFF からよりも PLO からの攻撃によるものの方が多いというデータも公表されている [28]。

4 − 4 − 3　議論 3「UNIFIL は，社会に調和し実効力のある部隊でなければならない」

この条件を考慮するうえで，まず UNIFIL 本部のナクーラの位置関係について議論すべきである。なぜならナクーラは UNIFIL 駐留地域においてまさに「飛び地」の所に位置しており，よって各部隊への連絡にも困難が生じていたからである。UNIFIL に駐留していた各国からの将校達は，ナクーラの UNIFIL 本部が手の届かないところにあり，本部のスタッフ達は各部隊の現地

第４章　伝統的国連平和維持活動のケース　◎── 69

での状況に積極的に対応できていないと主張している[29]。また本部から各部隊への道のりも決して安全とはいえなかった。

　活動装備に関しても，UNIFIL 設立当初は各部隊が到着した時点では，大きな問題を抱えていた。ある部隊では輸送装備に問題があり，また別の部隊は通信機器に問題が生じていた。UNIFIL 全体における即興主義的政策は，国連の財政面の問題も起因するが，この問題は活動装備の面でも顕著に見られた。たとえば UNIFIL の活動において使用された車両は，各国の部隊からそのまま運ばれたために 53 種類もの異なった車両が UNIFIL の活動地域で使用されることとなった。そのために UNIFIL の整備部隊は，そのすべての車両を整備すべく技能が要求され，それぞれの代用部品も用意しなければならなかった[30]。

　また UNIFIL の歩兵部隊には構造上の問題も指摘された。まず第１に UNIFIL に限らず国連 PKO の多くは，各要員において６か月の任務期間を定めている。しかし UNIFIL においてはこの６カ月という任務期間は十分な長さとはいえず，要員が入れ替わるごとにそれまで築き上げてきた UNIFIL 兵士と地域の市民や武装グループとの信頼関係が失われてしまうこともあった（しかしこれは UNIFIL に限ったことではない）。

　第２の問題として，各国の UNIFIL 派遣団が南レバノンに派遣されるまでの過程や背景の差があげられる。これらの差異は，派遣されるに至る軍事訓練にとどまらない。各歩兵部隊が UNIFIL というミッションをどのように解釈し，どのような活動を行うように支持を受けているかという事柄における差異も含まれている。その結果，活動初期においては一般的にフランスとフィジーからの部隊はほかの部隊と比較して，より規律を厳格に守り，セネガル隊は PLO に寛大であり，ネパール隊は DFF に親密な傾向にあるという違いが見られた。このような活動における任務姿勢の一貫性が欠如しているといえる[31]。

　第３の問題として機密情報（インテリジェンス）機能があげられる。イスラエル高官は，UNIFIL における適切なインテリジェンスサービスが欠如しており，そのことが UNIFIL の地域の安全保障を維持する上で主な弱点の１つであると述べている[32]。

4－5　1982年以降のレバノン情勢とUNIFILの対応

　イスラエルは1978年にレバノンに侵攻し，UNIFILを受け入れた後もレバ
ノン領土内に駐留する武装勢力に対して大きな軍事行動を起こしている。まず
1982年6月イスラエル軍は，レバノンの東ベイルートにあるPLOの軍事拠点
を攻撃するためにレバノンとの国境を越えて大規模な軍事進攻を行っている
（これは「ガリリー平和作戦Operation *Peace for Galilee*」と呼ばれている）。このイスラ
エルの軍事進攻はPLOの要地を破壊し，そこに安全地帯を築きPLOのイス
ラエル北部へ放つロケット弾を阻止するのが目的であった。UNIFILは，この
イスラエルの侵攻に対してまったくの無力であった。たとえばPLOの拠点で
あるタイヤにつながる幹線道路においてオランダ部隊がイスラエル軍の戦車の
進行を阻止すべく障害物をつくったが，これらはイスラエル軍によって簡単に
撃破された。ネパール部隊もカルダラ橋（Khardala bridge）で同様な試みをした
が失敗に終わった。結局自己防衛のみの軽武装でしかないUNIFIL兵士は，
イスラエル軍の戦車を阻止することができず，UNIFILの要地はイスラエル軍
の通過を許す結果となった[33]。

　1984年DFFのハダド将軍が死去し，DFFに代わり南レバノン軍（SLA）が
イスラエルの傀儡として南レバノンの安全地帯をイスラエル軍とともに支配し
始めた。UNIFILはその安全地帯においてはイスラエル軍とSLAを実質の占
領軍として受け入れざるを得ない状況になった。UNIFILのチェックポイント
においては，SLAの戦車はそれを止めようとするUNIFILの兵士を押しのけ，
強引に突破を図ることも珍しくなかった。安全地帯ではUNIFILのすべての
空輸活動はすべてイスラエル軍から事前に承認を得なければならなかった[34]。
1985年2月27日ハビエス・ペレス・デクレアル（Javier Perez de Cuellar）国連
事務総長はUNIFILの報告書のなかで，UNIFILが安全地帯において抱えるジ
レンマについて明確に述べている。そのジレンマとは，UNIFILは安全地帯に
おいて，占領軍であるイスラエル軍やSLAに対するレバノン人の抵抗行為を
妨げる権利もなければ，イスラエル軍によるレバノン人への報復措置を阻止す

第4章　伝統的国連平和維持活動のケース　◎—— 71

ることを認める任務もなかったということである[35)]。

　イスラエルの南レバノンの占領が恒久化しつつあるにつれて，その占領地は
それに反感を抱くレバノン人武装グループによる攻撃の的となった。その新た
な武装集団は，アマル，ヒズボラほかパレスチナ人組織であった。そして
1980 年代より PLO に代わりヒズボラがイスラエル占領軍の敵対する武装勢力
の中心となっていった。そしてイスラエル軍は，1990 年代には，1993 年そし
て 1996 年の 2 度にわたって大規模にヒズボラに対して軍事攻勢をかけている
（それぞれ Operation *Accountability*, Operation *Grape of Wrath* と呼ばれている）。特に
1996 年の攻撃においてイスラエル軍は，同年 5 月 7 日に UNIFIL 駐屯地に砲
撃を加え，101 名のレバノン人避難民を殺害した。ブトロス・ガリ（Boutros
Ghali）国連事務総長もこのイスラエルの UNIFIL 駐屯地への砲撃は誤爆ではな
いとの見解を盛り込んだ報告書を国連安保理に提出した[36)]。このイスラエル
軍のヒズボラ要地への砲撃の結果，35 万 − 50 万人のレバノン市民が避難民と
なった。

　その後イランやシリアから財政および軍事援助を受けているヒズボラは勢力
を強化していった。そしてついにイスラエル軍は，ヒズボラからの勢力に屈す
る形で 2000 年 5 月 24 日南レバノンから完全に撤退した。そしてイスラエルの
撤退後 SLA は解体を余儀なくされた。2001 年 1 月コフィ・アナン（Kofi
Annan）国連事務総長は，UNIFIL の任務のうち「イスラエル軍の南レバノン
からの撤退を監視する」および「レバノン政府の南レバノンにおける実効力の
ある権威の回復を援助する」の 2 つが遂行されたと表明した[37)]。そしてそれ
に伴い UNIFIL の兵力も次第に減少していき，2006 年 7 月には 1,990 名ほどま
でになった。その後 UNIFIL は国連 PKO のなかでも成功した事例として広く
一般的にとらえられるようになった。

　しかし実際には，イスラエルの撤退後南レバノンを支配してきたのはレバノ
ン政府軍ではなくヒズボラであった。ヒズボラはイスラエルを標的にしたロ
ケット弾を約 10,000 発所有しており，設立以来一貫してイスラエルとのゲリ
ア戦，あるいはテロリスト戦争を繰り広げてきた。つまりイスラエルが去って
もヒズボラが入ってきただけと考えることができる。そしてイスラエルの南レ

バノン撤退後も，継続的にイスラエルに対して敵対行為を行っており，そのような事実からも UNIFIL が「レバノン政府の南レバノンにおける実効力のある権威の回復を援助する」という任務を遂行したとはいい難い。

　そして 2006 年 7 月 12 日イスラエルは，ヒズボラとの再度の戦闘に突入した。7 月 13 日イスラエル軍は，南レバノンに大規模な空爆を行い，道路や橋などの 30 の施設を破壊した。このイスラエルの空爆および地上戦は表面上 3 名のイスラエル兵のヒズボラによる拉致問題が原因となっているが，実質は 2000 年にヒズボラに追い立てられるかのように屈辱的に南レバノンから撤退せざるを得なかったことに対するイスラエルの報復であった。すなわち UNIFIL で唯一遂行されたと考えられていた「イスラム軍の南レバノンからの撤退を監視する」という任務も，実質的には南レバノンの情勢から鑑みると，必ずしも遂行されたとはいい難い。

　28 年間にわたって駐留し続けた UNIFIL は，2006 年 7 月 31 日にようやくその任務を終了する計画であった。しかしこのイスラエル軍が突然，南レバノンへ再度侵攻したことにより，その計画は振り出しに戻った形となった。それどころか現在のレバノンの情勢においては，NATO や EU など，欧米軍主導の多国籍軍を派遣すべきという提案も国際社会から見られた。一方レバノン政府は，非欧米部隊の存在が平和維持活動としての正当性が増すとして，UNIFIL の強化を支持した。イスラエルは，逆に UNIFIL のさらなる強化のために，欧州部隊とその他の部隊の別個の司令構造を望んだ[38]。

　そして 2006 年 8 月 11 日に採択された国連安保理決議 1701（2006）では，イスラエル・ヒズボラ間の即時の停戦を要求するとともに UNIFIL の要員をそれまでの約 2,000 名から欧州部隊を含めた 15,000 名に大幅増員するとした。2006 年末までにフランスから 1,653 名，イタリアから 1,512 名，そしてスペインから 1,393 名の軍事要員が UNIFIL に派遣された[39]。

4－6　2006 年以降の「新 UNIFIL」の状況

　欧州部隊を含む新たな「新 UNIFIL」に対してレバノン・イスラエル両政府

も国連安保理決議1701（2006）に対して協力的な姿勢を示した。新しいUNIFILは南レバノンに地域に一定の安定をもたらした。アメリカ・ニューヨークの国連本部におけるUNIFIL専用の戦略的軍事班（the Strategic Military Cell）の設置やレバノンの海岸沿いに海洋任務部隊（the Maritime Task Force）の派遣などがUNIFILの任務を積極的に援助している[40]。また欧州部隊を含めた先進国からの派遣国を擁するUNIFILは，アフリカなど，ほかの国連PKOが抱えているような軍事設備や後方援助に関する問題も抱えていない[41]。またUNIFILの任務は主にパトロールやチェックポイントやオブザベーションポストでの配置任務であるが，その活動のおよそ10％は，レバノン国軍との協力体制の下で実施されている。またレバノン国軍の戦術的能力の向上のためにUNIFIL・国軍の共同訓練や研修会なども実施している[42]。

　一方で武装集団によるUNIFILへの攻撃は散発的に見られる。たとえば2007年6月24日6名のスペイン兵が何者かから攻撃を受け殺害された[43]。

　ヒズボラ軍の南レバノンでの駐留は続き，イスラエルはヒズボラ全体の軍事規模は拡大しており，その武器の一部がレバノンのUNIFIL活動地域へと密輸されていると主張している。イスラエルは連日のように飛行禁止区域に無人航空機を，そして時折軍用ジェット機を含む航空機を侵入させている。またイスラエル軍は，南レバノンのGhajar地区北部やブルーライン（Blue Line）と呼ばれる緩衝地帯を違法占領しているが，UNIFILからの再三の警告を受け入れていない。イスラエルとヒズボラは再び戦闘状態への移行に向けて準備をしているともいわれている[44]。

4－7　UNIFILを振り返って

　UNIFILは本章で述べたように1978年以来さまざまな苦境に立たされてきた。そして特に設立初期（1978 - 1982年）という，国連PKOの活動のなかでも重要な時期においては，国連安保理決議425（1978）で採択されたUNIFILの3つの任務を遂行するには程遠いような状況であった。それは何より国連事務総長が自ら定義した，UNIFILの任務を効果的に遂行するための3つの条件

を活動初期から満していなかったことが一番顕著な原因であったといえる。すなわち UNIFIL は国連安保理の常任理事国のなかでも，ソ連や中国から賛同を得られなかったばかりでなく，その提唱国のアメリカでさえもその設立に熱狂的ではなく，むしろ同時代に行われてきたエジプト・イスラエル間のキャンプ・デービッド交渉が頓挫しないための応急策として UNIFIL を提唱したのである。また UNIFIL は関係政府や武装集団から十分な協力を得ていたわけではなく，むしろイスラエル・PLO の双方は UNIFIL に敵対意識さえ抱いていた。実際に UNIFIL 駐屯地に対する攻撃や UNIFIL 兵士に対する威嚇・敵対行為は後を絶たなかった。一般に国連 PKO の兵士に自己防衛のためのみの最小限の武装が認められていることも，彼らが中立な仲介者として関係武装勢力から信頼を得られ，国連という権威ある組織からの派遣者として大きな尊厳を得ているべきだからである。しかし UNIFIL の兵士たちは関係政府や武装勢力からそのような信頼も尊厳も勝ち得ていなかった。すなわち UNIFIL は，その任務が要求する最低限度の条件を最初から満たされることなく，すなわち任務を遂行する見込みのないところに，敢えて政治的な理由のために即興的に設立されたと結論付けることができよう。すなわち UNIFIL（国連レバノン暫定軍）がその名称を見事に裏切り，「暫定」どころか設立後 40 年近くたった現在でも終了することもなく駐留せざるを得ない理由は，活動上の失敗ではなく外交上あるいは政治上の失敗であるといえる。本書で述べた UNEF I などは，政治上の理由（第 3 次中東戦争のための準備）で UNEF I そのものが撤退させられたのに対して，この UNIFIL は国際社会のレバノンに対する政治上の動機付けの低さによっていつまでも撤退できない状況になっているのは皮肉である。

　国連 PKO は国連という権威ある国際組織から派遣された部隊である。それにもかかわらず，その「関所」を破壊し停戦状況を破棄して敵対する国家や武装集団に攻撃を仕かけるということは，国際社会から大きな批判を受けるべきであり，国際法上受け入れられない行為である。しかしイスラエルは，1978 年に南レバノンに侵攻した後に UNIFIL が設立された後も，1982 年（Operation *Peace for Galilee*），1993 年（Operation *Accountability*），1996 年（Operation *Grape of Wrath*），そして 2006 年と合計 4 回も国連 PKO を無視するかのような軍事進攻

第4章　伝統的国連平和維持活動のケース　◎——75

を決行している。他方で 2006 年以降は，欧州部隊の投入と常時 10,000 名を超える軍事要員を擁し，「新 UNIFIL」は一定の安定をもたらされている。それでもイスラエルの UNIFIL 緩衝地帯への侵入やイスラエル戦闘機の飛行禁止区域での飛行などにより，イスラエル政府の UNIFIL に対する不信感は明らかである。イスラエルのこのような国連を軽んじる行為に対して，国連そのものや政治大国をはじめとする国際社会がさらに強い警告をイスラエルに発しない限り，UNIFIL の任務は終了しないのではないであろうか。

　UNIFIL は東西冷戦時代から継続展開している伝統的国連 PKO においては最大規模を誇る。そして中東地域という地政学上重要な地域において UNIFIL は国連 PKO として，その言葉通りに「平和（安定）を維持する」という任務は果たしているようにも思える。しかしそれと同時に UNIFIL の任務をいつかは終了させる「出口戦略」というものを確立していけるような状況を構築していく必要もあろう。

【注】

1) Skogmo B. *UNIFIL: International Peacekeeping in Lebanon, 1978-1988*（Boulder：Lynne Rienner, 1989）. P. 69

2) Pogany I. *The Arab League and Peacekeeping in Lebanon*（Aidershot：Avebury, 1987），pp. 54-55

3) United Nations *The Blue Helmet: A Review of United Nations Peace-keeping, Second Edition*（New York：United Nations, 1990), p. 111

4) Erskine E. A. Mission with UNIFIL（New York：St. Martin's Press, 1989), pp. 16-17

5) Ghali M. "United Nations Interim Force in Lebanon" in Durch W. J.（ed.）*The Evolution of UN Peacekeeping*（New York：St. Martin's Press, 1993), p.186

6) United Nations *The Blue Helmet: A Review of United Nations Peace-keeping, Second Edition*（New York：United Nations, 1990), p. 115

7) James A. "Painful Peacekeeping：the United Nations in Lebanon 1978-82", *International Journal*, Vol. 38, No. 4, October 1983, p. 619

8) UN Document S/12845 "Report of the Secretary-General on the United Nations Interim Force in Lebanon for the Period of 19 March to 13 September 1978", 13 September

1978, para. 27

9) UN Document S/12611 "Report of the Secretary-General on the Implementation of Security Council Resolution 425 (1978)", 19 March 1978

10) UN Document S/13026, 12 January 1979, paras. 27-28

11) UN Document S/13691, 14 December 1979, para. 36

12) Ibid. para. 37

13) Erskin E. A. p. 44

14) UN Document S/15194, 10 June 1982, para. 7

15) UN Document S/13025, 12 January 1979, para. 38

16) Skogmo B. p. 59

17) Weinburger N. J. "Peacekeeping Operations in Lebanon", *The Middle East Journal*, Vol. 37, No. 3, Summer 1983, p. 353

18) United Nations, *The Blue Helmets, Second Edition*, p. 136

19) James A. *Painful Peacekeeping: the United Nations in Lebanon 1978-1982*, p. 618

20) Skogmo B. p. 201

21) Weinberger N. J. p. 345

22) Skogmo B. p. 205

23) James A. *Painful Peacekeeping: the United Nations in Lebanon 1978-1982*, p. 618

24) Skogmo B. p. 9

25) James A. *Peacekeeping in International Politics* (London : Macmillan, 1990), p. 340

26) Ghali M. "United Nations Interim Force in Lebanon", pp. 187-188

27) Skogmo B. p. 350

28) Weinberger N. J. p. 350

29) Heiberg M. "Observations on UN Peace Keeping in Lebanon", Norsk Utenriksppolitisk Institutt, Working Paper No. 305, September 1984

30) Mackinlay J. *The Peacekeepers* (London : UNWIN HYMAN, 1989), pp. 61-62

31) Weinberger N. J. p. 344

32) Skogmo B. pp. 177-179

33) United Nations, *The Blue Helmet: A Review of United Nations Peace-keeping, Third Edition* (New York : United Nations, 1996), p. 101

34) Skjelsbaek K. and Ness M. H. "The Predicament of UNIFIL : Report on a Visit to Southern Kebanon and Israel, 1-11 November 1985", Norsk Utenrikspolitisk Working Report NO. 343, December 1985, p. 17

35) UN Document S/17093, 27 February 1985

36) 日本経済新聞 1996 年 5 月 8 日

第4章　伝統的国連平和維持活動のケース　◎── 77

37) United Nations, *UNIFIL Fact Sheet,* Updated 24 July 2006

38) The Center on International Cooperation, *Annual Review of Global Peace Operation 2007* (Boulder：Lynne Rienner Publishers, 2007), p. 85

39) The Center on International Cooperation, *Annual Review of Global Peace Operation 2013* (Boulder：Lynne Rienner Publishers, 2007), p. 113

40) Ibid. para. 62

41) Ibid. para. 61

42) UN Document S/2015/475 *Report of the Secretary-General on the Implementation of Security Council Resolution 1701,* 25 June 2015, para. 19

43) UN Document S/2007/641 *Report of the Secretary-General on the Implementation of Security Council Resolution 1701,* 30 October 2007, para. 9

44) UN Document S/2015/475 *Report of the Secretary-General on the Implementation of Security Council Resolution 1701,* 25 June 2015, paras. 10-11

第5章

複合型国連平和維持活動のケース
―国連東ティモール暫定統治機構（UNTAET)―

5－1 東ティモール問題の起源とUNTAETの設立

東ティモールは，1970年代に400年間のポルトガルの植民地支配から解放されたが，1975年12月インドネシア陸軍より侵略を受け，翌年インドネシア政府は東ティモールの併合を宣言した。国連安保理もインドネシアの東ティモール併合を承認しないものの，東ティモールの独立そして左翼国家化，いわゆる「キューバ化」をアメリカなどの先進国は恐れ，インドネシアの東ティモール併合は実質容認されていた。

しかしインドネシアの東ティモール支配に抵抗するティモールの人々に対して，インドネシア政府は反人道的な手段で弾圧していった。実際に東ティモールの全人口の3分の1の人々が虐殺されたとも言われている[1]。東ティモールで行われている残酷な非人道行為は，東西冷戦が終了した1990年代には国際社会から大きな批判を受けるようになり，1999年1月インドネシア政府は，同年8月に東ティモール内で住民投票を実施し，その結果次第では東ティモールの独立を承認することとなった。その住民投票の監視団として国連東ティモールミッション（UNAMET）が設立された。そして8月31日から実施された住民投票の結果約78.5％の投票者が独立を支持し，東ティモールの将来の独立が承認された。しかしその住民投票の結果を不服とする反独立派民兵がインドネシア軍の協力を得て東ティモール全土で暴動を起こした。その暴動の結果，東ティモール総人口80万人のうち50万人以上が避難民となり，20万人が隣国の西ティモールの難民となった。首都ディリでは商業地区の建物の

70％から80％が焼失した。

1999 年 9 月 15 日国連安保理決議 1264（1999）は，東ティモールでの平和と安定の回復，UNAMET の任務の保護および援助，そして人道援助を行うオーストラリア主導の多国籍軍（INTERFET）を認定した。最初の部隊は，安保理認定のわずか 5 日後に東ティモールに到着した。最初の部隊の到着から 24 時間以内には 2,300 名の部隊が配置された。この INTERFET の貢献もあり反独立派の暴動は鎮圧された。そして東ティモールの独立と国家建設を最終目的とする国連東ティモール暫定統治機構（UNTAET）が設立されることとなった。

UNTAET は 1999 年 10 月 25 日安保理決議 1272（1999）によって正式に設立された。複合型国連 PKO としての UNTAET の任務は主に以下の 6 部門である。

- 東ティモール全土にわたる治安維持および法と秩序の維持
- 効果的な行政府の設立
- 市民社会サービスの発展の支援
- 人道援助・社会復帰・開発援助の促進
- 独立した政府設立のための能力開発の支援
- 持続可能な開発のための支援[2]

国連 PKO の歴史のなかで UNTAET の重要性は以下の 2 点に集約される。まず第 1 点目として，UNTAET はほかの比較的成功したとされている多機能 PKO と呼ばれているカンボジアの PKO（UNTAC）やナミビアのそれ（UNTAG）と類似しているものの，それらとの違いとして，財政，司法，インフラ，経済，教育，医療といった東ティモール政府が独立後管轄していく省庁を現時点においてすべてゼロからつくり上げた点である。つまり「UNTAET そのものが政府」なのである。UNTAET の責任は，それだけにはとどまらず，安全保障や警察業務，選挙の実施，さらには外国との条約の締結にまで及んでいる。特に UNTAET は外国との条約の締結の任務を請け負った最初の PKO である。実際に UNTAET は世界銀行の国際開発連合（IDA）やティモール海の天然資源（Timor Gap）に関してオーストラリアと条約を締結している。ある意味

において，UNTAET はコソボでの国連 PKO（UNMIK：1999-）の経験を基にして，さらにそれを進化した形と考えられる。両方のミッションとも国家構築を目的とした多機能 PKO ではあるが，後者は欧州連合（EU）や北大西洋条約機構（NATO）と任務を分担しており，多くの新たな責任や任務を単独で負担している UNTAET は，より高度な要求を国際社会から受けているといえる。

　UNTAET の重要性を示す第 2 点目は，複合型国連 PKO に分類されるのみならず，UNTAET は国連憲章第 7 章を基準にした，いわゆる「強化された PKO」にも分類される点である。この国連による平和執行部隊は，以前はソマリア（UNOSOM II）や旧ユーゴスラビア（UNPROFOR）でも実施されたが，その戦略面や実務面で国際社会から非難を受け，成功したミッションとはいい難い。UNTAET は常時 10,000 名近い軍人を派遣しており，人口 80 万人にすぎないこの東ティモールにこれほどの軍人を派遣しての「7 章型ミッション」には，国連による平和執行に対する信頼の回復への深い意思を伺うことができる。

　本章の UNTAET のケースでは国家構築のための複合型 PKO として，その安全保障，難民帰還と和解・融和，警察業務および法執行，ガバナンス（統治）のそれぞれの部門別に分析し問題提起していく。

5−2　UNTAET の安全保障の問題

　UNTAET の任務のひとつである「東ティモールの領土全体にわたる安全保障の確立と法と秩序の維持」の遂行にあたり，UNTAET 平和維持隊（PKF）の主な任務は，1999 年 8 月の東ティモール住民投票の結果発生した反独立派民兵の反乱や暴動を防止することであった。軍事要員は最大 9150 名，警察要員は 1640 名であった。PKF 派遣国は 29 カ国にのぼった。そのなかでアジア・オセアニア諸国からの派遣は 12 カ国にのぼった。（内訳はオーストラリア，バングラデシュ，フィジー，日本，マレーシア，ネパール，ニュージーランド，パキスタン，フィリピン，韓国，シンガポール，タイ）

　PKF の治安維持のための任務は設立当初から困難を伴った。独立派民兵の

問題は，依然として西ティモールの難民キャンプや東ティモールの領土内において見られた。UNTAET の任務初期においての安全保障上の最大の問題は，住民投票後に民兵の攻撃を避けるために西ティモールに逃亡した 20 万人の難民の帰還問題であった。民兵のなかには，元インドネシア陸軍兵士もおり，そのことが難民問題をいっそう困難なものにしていた。インドネシア陸軍の民兵活動への関与はさまざまな事実によって認識されている[3]。

2000 年 7 月の下旬から 8 月の上旬にかけて，2 人の PKF 兵士が西ティモールとの国境近くの村で民兵との銃撃戦の末死亡し，8 月下旬には国連難民高等弁務官事務所（UNHCR）の代表団が西ティモールの難民キャンプへの訪問途中に意図的な攻撃を受けた[4]。その攻撃の結果 UNHCR は，2000 年 8 月 23 日に西ティモールでの活動を休止すると発表した。西ティモールの UNHCR 代表者は，UNTAET PKF および文民警察官が民兵の脅迫や暴力を黙認し，武装解除することもなく，結局彼らを野放しの状態にしてしまっていると非難した[5]。

さらに，2000 年 9 月 6 日，3 人の UNHCR の職員が，西ティモールの難民避難地区のアタンバウ（Atambau）において民兵により残虐な方法で殺害された。民兵による UNHCR 職員殺害の短期的な目的は，西ティモールの国際組織を追い出し，自分たちが難民を意のままにすることであった。その長期的な目的は，独立した東ティモールのインドネシア再統合であり，国連の暫定統治の任務を剥奪し，東ティモールの紛争を再びインドネシアの一地域の内乱に定義付けることであった[6]。この事件の結果，すべての国際援助団体は難民キャンプから撤退をした。このような難民の孤立状況はその地域の安全保障上の問題において大きな打撃を受けた。なぜならそのような国際援助団体は，単に紛争後の東ティモールの社会の復興や和解のために必要な物資を提供するだけでなく，国際社会全体にこの東ティモール問題への迅速な行動や対応を促し，また現地においても紛争を予測し早期警告をする役目も果たしていたからである[7]。この殺害事件の 2 日後の 9 月 8 日国連安保理決議 1319（2000）にて，インドネシア政府が西ティモールの民兵を武装解除し，地域の法と秩序を回復させ，難民キャンプの安全性を向上させ，東ティモールへの違法な国境越えの侵

入を防止することを要求した。そして UNTAET に対しては，国連安保理決議 1272 (1999) に基づき民兵の脅威に対して「強健に（robustly）」対応するよう要求した[8]。

　東ティモールの領土内における安全保障の問題も何点か指摘することができた。まず第 1 点目にあげられるのは物資の不足であった。たとえばアイル（Aileu）という村の近くにあるヴェテラウ（Vetelau）という集落には約 100 世帯の人々が住んでいたが，その集落には無線のひとつもなかった。無線などの通信機器は安全を維持するために必要不可欠な機器である。この村は UNTAET PKF のパトロールの管轄下ではなかったのであるが，実際には 2 人の元インドネシア陸軍兵が村人と融合せずに孤立して住んでいた[9]。多くの PKF 要員は，パトロールを行う地域がとても広大すぎて，人員不足の状態であり，パトロール活動は必然的に制限されてしまうと主張した。財政状況も批判の対象になっていた。しかしこの点において，問題は財政援助の額ではなくその財政の使用できる迅速性であった。外国の財政援助国いわゆる「ドナー諸国」は東ティモールの復興ために総額 5 億 4,500 万ドルもの財政援助を公約していた。しかしこの基金は適時に供与されたとはいえなかった。2000 年 11 月，UNTAET のセルジオ・ヴィエイラ・デメロ（Sergio Vieira de Mello）国連事務総長特別代表は，この財政問題に関して厳しい口調で次のように批判をしている。

　東ティモールの民衆は，私が公に認められているはずの行政上，立法上，あるいは司法上の権限が，実質上私には与えられていなかったことを理解し始めた。私には，この国の電力システムの再建，国境付近の治安維持，更には警察署や刑務所の設立のために 1 セントのお金を使うことが許されない。人々は，ドナーが公約を果たすことを待ちわびている一方で，見積もられた UNTAET の予算を迅速に消費する能力に欠けるおろかな任務状況の一面が徐々に露呈された[10]。

　安全保障に関する第 2 点目の問題として，UNTAET の活動が東ティモール

内の既存の安全保障組織から完全独立していたことがあげられる。東ティモールには，"The Youngman Security System"という伝統的な非武装の治安維持隊が存在している。この治安維持隊による治安維持制度は1974年以来存続していた。その The Youngman Security System のメンバーは，メンバー間の内密な情報を基に活動をしている。彼らの主な活動目的は，インドネシア陸軍や民兵の反独立運動の情報を民衆に伝え，注意を喚起することであった。彼らはまた限られたパトロール業務も行い，その際には主要道路でのパトロールを避けることにより，インドネシア統治時代には当局の管轄を避けるよう活動していた。UNTAET の活動期においても，各村には300から500名の The Youngman Security System のメンバーで治安維持活動が実行されていた。ほとんどの村においてこの治安維持隊のメンバーたちは，とりわけ UNTAET との協力体制を構築することを熱望していた。実際に，この治安維持隊は UNTAET よりも民兵の活動についての情報を現地の人々から入手しやすいため，UNTAET はこの治安維持隊とコンタクトを取り民兵への監視体制を強化すべきであった。

　同様に，東ティモールにはファリンティル（Falintil）という国家レベルの軍隊が存在していた。ファリンティルは，独立闘争ゲリラグループであるフレティリン（Fretilin）の軍事組織として1974年に設立された。1999年9月に多国籍軍である INTERFET が東ティモールに設立され，展開された際には，その任務にはファリンティルを含めた全武装集団の武装解除が含まれていた。しかしファリンティルは，インドネシア陸軍や反独立派の民兵が行ったような人道上の犯罪行為は行っていないため，そのリーダーたちは，自分たちの代わりに INTERFET が行っていた任務内容に反対をしたのである。その結果，妥協案が UNTAET でなされ，ファリンティルのメンバーは彼らの軍隊やその軍備の保持が許可されたが，その活動範囲はアイル（Aileu）という村に限られた[11]。その後，1999年にフレティリンとほかのいくつかの政党が結合し，ティモール抵抗民族評議会（CNRT）という独占的な政党が設立された。その際に CNRT はファリンティルが近い将来において東ティモールの国軍になることを期待した。初期の段階においてアイルには約1,500人のファリンティルの兵

士が配置されていた。しかし国連安保障理決議 1272（1999）やほかの東ティモール関係の国連公文書において，ファリンティルについては明記されていない。その結果，ファリンティルは UNTAET の平和維持隊（PKF）との共同パトロールを提案したが，UNTAET はその提案を承認することはできなかった。UNTAET は当初東ティモールの安全保障問題に対して強い中立政策を維持していたのでファリンティルも現地の武装集団の 1 つとみなされてしてしまった。国連の PKO 局（DPKO）もインドネシアとのいかなる軋轢も望んでおらず，よって東ティモールの暫定統治プロセスにおいてファリンティルはいわゆる「低姿勢をとる」べきであるという見解であった。UNTAET の当初の方針は，警察部隊に吸収される兵士を除いてすべてのファリンティルの軍事組織を武装解除することであった。ファリンティルの反独立闘争における過去の実績や歴史的正当性にもかかわらず，ファリンティルは正規の東ティモールの国軍に将来昇格することは期待されなかった。INTERFET の時代には，ファリンティルの持つ民兵に関する情報や知識や一般的なアドバイスが治安維持活動に大いに役に立っていたにもかかわらず，INTERFET に代わった UNTAET はファリンティルの本来の治安維持業務をその地盤であるアイルにおいてでさえも許可をしなかった[12]。

　英国ロンドン大学キングス・カレッジ（King's College）にある防衛学研究所のプロジェクトチームがこのファリンティルと UNTAET の関係に関して現地調査を行った。その結果プロジェクトチームは，現状におけるファリンティルの不明瞭な地位ゆえ，ファリンティル内における規律や士気の問題やそれまで築き上げてきた東ティモール国民のファリンティルに対する信頼性の低下などの問題が生じているとの調査結果を報告した。さらに同調査は，ファリンティルの上層部のなかには，UNTAET との交渉を回避し，反独立派の民兵と軍事協定を締結すべきと主張するものも現われてきたと報告した[13]。この状況は UNTAET にとって一種のジレンマを投げかけた。一方で UNTAET は行動任務の制限によりファリンティルの問題に十分な対応ができなかった。UNTAET や東ティモールでのほかの国際組織団体の公式任務では，武装グループの援助を禁止しているために，ファリンティル兵士は，アイルの兵営で

貧しい生活状況を強いられていた。彼らの生活状況はますます悪化の一途をたどり，アイル外部の元ファリンティルの兵士とともに暴動を企てる潜在性が増してきたのである[14]。それゆえ UNTAET は，ついにより現実的で実用的な折衷案を打ち出した。UNTAET は東ティモール内に独自の防衛軍である暫定国家防衛軍（TNDF）を設立し，ファリンティルのメンバーがその中核をなすべきことを強く提案した[15]。キングス・カレッジのプロジェクトグループもまた別名でファリンティルを中核とする新たな防衛組織を設立し，彼らの社会的地位を法律上公認することを強く提案した[16]。

　総括すると UNTAET は東ティモールの安全保障システムの構築のために，The Youngman Security System やファリンティルのメンバーなどのティモールの将来の指導者たちと密に協力し合うべきであった。UNTAET は，東ティモール人と協議したり相談を持ちかけたりすることがほとんどないという批判を受けた。東ティモールの村のひとつであるバブル（Babulu）の政治的指導者も次のように提案している。

　東ティモールの村々では，国連職員を含む我々の多くは，実質上 UNTAET の PKF や平和監視団や民兵の区別がつかないことが多い。しかし現地の防衛組織のメンバーはその区別ができるのである。それゆえ，UNTAET の PKF，ファリンティル，そして the Youngman Security System が民兵の活動を防止するために共同の平和維持活動を実施すべきである[17]。

　安全保障に関する第3点目の問題としてオペレーションの一貫性の欠如があげられた。UNTAET は，いつも東ティモールの平和を強制的な方法で創造することを試みていたとは限らなかった。たとえば 2000 年 8 月 29 日，UNTAET PKF はサメ・アラス（Same-Alas）地域において定住を希望する約 30 名ほどの民兵のグループと接触を図るべく作戦を実施した。それは，UNTAET との交渉を呼びかける 1,000 枚のリーフレット（ちらし）を空中から散布するものであった。また地上でもポルトガルの PKF 兵士が，同様のリーフレットを配布し，キリスト教の教会やファリンティルを仲介として UNTAET と連絡を取

るように民兵に呼びかけた。リーフレットは,「UNTAET PKF は東ティモールにおいてその人々を助けるためにやってきたのであり,誰をも傷つける意図はない」というメッセージを送った。さらに,もし民兵たちが各自が所有している武器を放棄したら,その安全の代償として食事,薬品やその他の定住のための援助を約束した[18]。しかしながら UNTAET は,公式上,国連憲章第7章の基に活動しており,その任務を遂行するためには「あらゆる必要な手段」を採る権限が与えられている。このような意味からも UNTAET は「平和維持活動(peacekeeping operations)」というよりは「平和執行(peace enforcement)」と分類された。それゆえ,交戦規定(Rule of Engagement:ROE)において,もし民兵が軍事的な隊形をとり,武器を公然と外的に示した場合,UNTAET は警告をせずに彼らに発砲することが許されていた。その結果,2000 年 10 月 24日,スアイの近くの PKF 駐屯地の 20 メートル近くに 3 人の民兵が近づいた際に,約 10 名のニュージーランド PKF が彼らに発砲し,銃撃戦の結果 1 人の民兵が死亡した。つまりサメ・アラス地域において UNTAET PKF は伝統的なコンセントタイプの平和維持活動を行い,同時期にスアイにおいて彼らは強制力を伴う平和執行活動を行っていたのである。このような状況では必然的に現地での武装グループの信頼は醸成できず,オペレーションの効果も減じられるのであった。たとえば 2000 年 12 月中に,オーストラリアの兵士は 2 度にわたり反独立派の民兵より奇襲攻撃を受けた[19]。

　UNTAET・PKF の安全保障上のさらなる任務として東ティモール国内軍隊の設立支援があった。上述したように UNTAET 期以降,東ティモール国防軍(F-FDTL)は,かつてのインドネシア占領時代の政治的抵抗組織のファリンティルから,プロフェッショナルな東ティモールの国防軍に移行させることを任務とした。F-FDTL は,2001 年 1 月 31 日 UNTAET 規定 2001/1 によって設立された。UNTAET 期間において,F-FDTL は軍員の採用と訓練に従事した。実際に F-FDTL の設立にあたり,東ティモール国防軍は諸外国の軍隊あるいは政府からさまざまな援助を受けた。オーストラリアは,F-FDTL の初期の訓練の任務を引き受けた。2005 年までの 5 ヵ年計画において 2,500 万オーストラリアドルの財政援助も公約した。2001 年 7 月には,東ティモール防衛軍

第 5 章　複合型国連平和維持活動のケース　◎── 87

訓練センターがオーストラリア政府の財政援助とオーストラリア陸軍の建築によって完成された。ポルトガルは，F-FDTL の第 1 大隊の訓練を受け持ち，ユニフォームを提供し，2 艘のパトロール船を提供し，4 人の乗組員を訓練した。ニュージーランドは，武器操作訓練チームを提供した。イタリアは 50 台の装甲車を提供した。ベルギーは 75 丁の小型の機関銃を提供した。アメリカも 1,200 丁のライフルなどを提供した[20]。そして兵力 2,500 名，2 つの歩兵大隊，海上小部隊から構成される F-FDTL が UNTAET の支援の下に設立された。

5-3　難民帰還と和解・融和の問題

　2000 年 10 月初旬，インドネシア政府は東ティモール人難民の帰還を促進させるため，閣僚レベルでの調査団を西ティモールに派遣した。しかし，実際にインドネシア軍の難民キャンプでのパトロールが行われたのは午前中のみであり，軍が立ち去るや否やまた民兵の群れがキャンプに流れ入るのが常になっていた[21]。帰還者の証言によると，民兵は西ティモールの難民が東ティモールへ帰還することを阻止しており，難民のなかには帰還するために西ティモール地方当局にお金を納めた者までもいた。その金額は小額であっても，難民にとっては些細な額ではなかった[22]。難民キャンプでの食料は常に不足しており，その食料でさえも民兵に没収され，その食料は市場で売られることもあった。これらの事実は，「難民キャンプでは十分な量の食料が配給され，難民たちは自分たちが希望すればいつでも東ティモールに帰還できる」というインドネシア陸軍からの報告書とはまったく矛盾するものであった[23]。2000 年 10 月には難民キャンプの衛生状態が急激に悪化し，伝染病の蔓延の危険性も上昇した[24]。UNTAET のデメロ国連事務総長特別代表は，「東ティモールとの国境付近に駐在していた西ティモール内の国際援助団体の撤退は，インドネシア政府がその同盟相手である民兵集団の中でどのように君臨しているのかを評価する国連の能力を著しく減少せしめてしまった」と述べている[25]。簡潔にいえば，UNTAET は「受け入れ政府からの援助および協力」という国連 PKO を行う上での最も重要な原則を満たしていなかったのであった。

西ティモールの難民帰還問題は，難民全員が進んで東ティモールに帰還を希望しているわけではないために，事態が複雑化していた。帰還を希望していないものは，元インドネシア陸軍兵や元反独立派民兵とその家族たちであった。彼らの多くは1999年の住民投票には不正行為があったと主張し，彼らが東ティモールに戻った場合の自分たちの身の安全に関して大いに脅威を感じていた。それゆえ，彼らは東ティモールがインドネシアの一部になった時のみ帰還すると主張していた。2001年5月，国連のヘディ・アナビ（Hedi Annabi）PKO局事務総長補佐は，国連安全保障理事会において東ティモールの難民問題に「目に見える進展はない」[26]ことを認めた。2001年6月に西ティモールの難民キャンプで行われた，帰還を問う投票において，95％以上のティモール難民が帰還を希望せず，インドネシアでの引き続きの滞在を希望する結果となった。しかし現実には，帰還を希望していた難民たちも帰還したら必ず攻撃を受けるという誤報を信じて，インドネシアに留まる票を投じた。外国のメディアは，民兵が難民キャンプを支配している間は，難民は自分たちが選択しようとする事柄を正確に評価することは困難であろうと主張していた[27]。このような状況のなかで，東ティモールの独立革命の英雄であり独立後の大統領になるシャナナ・グスマオ（Xanana Gusmao）は，和解の意思表示として元民兵やその家族たちが難民キャンプから帰還することを歓迎し次のように述べた。

　東ティモールで起こった破壊行為は，民兵自身のイニシアティブで進められたわけではない。たとえ我々が，裁判や罰則や服役に関してこの事件を形式的に捉えたところで，おそらくこの状況を解決することはできないであろう。我々は財政的に何百人の民兵を刑務所に送り，彼らを養うことはできようか。優先すべきものは何であろうか。我々が，健康医療や子供たちの教育がまず第一に必要なときに，人々を刑務所に入れ彼らを養っていくことはできない[28]。

　グスマオの融和政策は，インドネシア政府と国連との間での「2002年1月から12月までの東ティモール難民問題の解決」として「合同嘆願（A Joint Appeal）」の発表へと導いた。この合同嘆願には，元インドネシア政府公務員

第5章　複合型国連平和維持活動のケース　◎── 89

とその家族の東ティモールへの帰還を促進するために設立されたインドネシア政府からの特別基金についても明記された[29]。国連のアナン事務総長もまた難民帰還の障害は安全の問題と同様に経済的な問題も影響していることを認めた[30]。合同嘆願はまた，インドネシアに留まることを選択した難民のために，国連開発計画（UNDP）や UNHCR による財政的あるいは物質的援助を含めた定住プログラムを提供した[31]。

　2001 年 11 月 5 日，西ティモールの 200 人以上の難民が，和解政策の一環として「Come and See」というプログラムに参加したことにより東ティモールに到着した。このプログラムの目的は，多くの難民の代表者たちが，自分たちが住んでいた村に 2・3 日間一時帰還し，その村で以前にその集落で起こした争いの解決を図り和解の可能性を話し合い，東ティモールでも安全状況や生活状況を理解するということであった。これらの会合は，UNTAET，UNHCRおよび国際移住機関（IOM）によって企画および実施された。2001 年 11 月 1日より 2002 年 5 月 20 日までの間に UNHCR は 13 回もの「Come and See」プログラムを実施した[32]。このように「Come and See」プログラムは，西ティモールの難民帰還問題に大いに貢献したといえる。

　この結果，西ティモールからの難民の帰還は 2002 年 3 月の 1 ヶ月間でおよそ 4,000 名にまで増加し，それまでの 2 年間で最多となった[33]。しかしながらノーベル平和賞受賞者ラモス・ホルタ（Ramos Horta）は，不特定の数の援助団体が Come and See プログラムを悪用し，その結果難民のなかには東ティモールに帰還してもまた西ティモールに戻り，再度この「Come and See」プログラムを利用することによって，このプログラムから与えられる手当てを不正に徴収していると非難した[34]。

　東ティモールの民衆と UNTAET に関わる別の安全保障上の問題として，反独立派民兵の西ティモールから東ティモールへの密入国があった。1999 年 9月に INTERFET が東ティモールに派遣されたことによって，ほとんどの民兵は西ティモールに逃亡した。彼らは西ティモールでゲリラ戦術に関する基礎トレーニングを受けた後，2000 年 5 月からの 10 ヶ月の間に約 150 名の民兵が 8から 10 のグループに分かれて東ティモールとの 170km に及ぶ国境を越え，東

ティモールに密入国した。そしてその地域は，東南アジアで最も重武装した国境地帯のひとつになった。これには UNTAET の分散した防衛構造が状況をさらに悪化させているといえる。この国境地域の UNTAET の管轄は Sector West であり，この戦略上最も重要な地域の安全保障は UNTAET の PKF のなかでもオーストラリア，ニュージーランド，ネパール，フィジー，アイルランドの歩兵部隊が担当していた。これらの部隊は，国境付近の安全を確保するためにレーダーや熱探知機を使用し警戒態勢に入っていた。しかしながらこのような装備体制にもかかわらず，民兵は密入国に成功してしまった。その結果，民兵が東ティモールにおいて恒久的な作戦基地を築き上げ，東ティモールが長期的ゲリラ戦の新たなる危機に直面するのではないかという懸念が広がっていった。

5－4　UNTAET の警察業務および法執行部門の問題

　UNTAET における文民警察官は，2000 年 7 月において約 1,270 人の要員を擁し，東ティモール内の法執行業務に関する任務を遂行した。しかしながら UNTAET 文民警察官は，その派遣初期から根本的な問題に直面した。基本的に国連 PKO における文民警察官は，地元警察と比較し，一般的に迅速に展開できず，その派遣地域の状況を把握できないことで大きなハンディキャップを負うことになった。また地元警察のように機密情報や伝達媒体を保持することも困難であった[35]。さらに一般的には警察業務は技術的な側面だけでなく，地域の人々からの信頼や尊敬を勝ち得るなどの規範的な側面も要求される。しかしインドネシア統治時代における東ティモール警察業務は，悪名高いインドネシア軍の直接指揮下にあったために，東ティモールの人々の間では警察業務に対する不信感や敵意さえもが根付いていた。それゆえ UNTAET における文民警察官は，完全に中立な立場にあったにもかかわらず，東ティモールの民衆の心のなかに信頼を勝ち得ることに多大な困難を要した。

　UNTAET 警察業務においてコミュニケーション能力不足も大きな問題の 1 つであった。まず UNTAET の文民警察官には十分な数の通訳がいなかった。

その理由は，国連よりも国際 NGO（非政府組織）のほうが通訳に高額な給与を提供するために，優秀な通訳は NGO のほうに行ってしまったこと，また 2001年 3 月に始まった市民登録（国勢調査のようなもの）を契機に多くの UNTAETの通訳が登録部署に異動してしまったことがあげられた。そして残された文民警察官の通訳の技能水準はあまりにも低く，文民警察官による地域の住民へのインタビューにおいても，住民が何について話しているのか混乱してしまうことも多々見受けられた[36]。

　UNTAET の文民警察官には，展開能力の遅さ，警察業務の質，言語の違いによる障害，現地の状況理解，多国籍からなるメンバーによる調整や伝達の問題などの課題が挙げられた。これらの要因は，現地での警察業務のミッションに直接影響を及ぼした。さらに，文民警察官は CNRT によって設立された一時的な安全委員会にその業務内容を委託した。その結果，その業務内容は，警察任務の中立性の維持という点において懸念を残すものとなった[37]。2000 年8 月に実施した筆者の現地調査によると，文民警察官の業務姿勢は派遣国によって大きな開きがあることが認識された。たとえば，長期にわたり国連PKO に参加をしている先進国や中堅国から派遣された警察官は，自分たちの警察業務を適切に遂行し，業務規定も遵守する傾向があった。一方，発展途上国出身で動機付けが低いと思われる文民警察官はおのおのに与えられた任務に対してより大雑把に取り組む傾向があった。この勤務姿勢の違いはパトロール業務において顕著に表われた。前者は UNTAET 文民警察官のパトロール規定に従い，パトロール中において現地の人々と接触を図り民兵に対する情報収集に努めたが，後者はそのような業務を行わないことが頻繁にあった。UNTAET の活動地域の村では定期的に，UNTAET PKF，UNMO，他の国連組織，文民警察官，NGO そして村の代表者との間で会合が持たれたが，いくつかの村においてはコミュニケーション不足のために文民警察官だけが他の団体から隔離されていた[38]。

　何故 UNTAET の文民警察官はこのようにも多くの批判を受けたのか。これには東ティモールの地域住民による文民警察官への過度な期待があったと思われる。1999 年の 9 月の東ティモールでの暴動が起きてからのような内乱環

境においては，一般的に警察業務の機能は停止され，犯罪率は高まった。そのような状況のなかで派遣された文民警察官にはほぼ完璧な警察業務が期待されることが多い。しかし，そのような平和構築の段階で，警察業務を無の状況から一般的な警察業務の水準に持ち上げるには少なくとも5年の年月が必要である[39]。

　そして国連はUNTAET文民警察官に対して適切な計画がなされていなかったことも批判された。UNTAETは，国家構築型PKOに属する。そして従来の伝統的なPKOと国家構築型PKOにおける警察業務は異なる。前者における警察業務は一般に短期間であり，地元警察とともに，公共治安維持を監視するために迅速に派遣されることが要求される。一方，後者である平和構築の警察業務はより長期期間の任務を要求され，そこにおける文民警察官は，警察業務のみならずその制度構築の専門家でなければならない。国連PKOにおける文民警察官のガイドブックである *the UN Civilian Police Handbook* によると，国連文民警察官の主要な任務は，そのミッションを決議した国連安保理によって指定された地元警察の業務を監視することである。しかし東ティモールにおいては，そのような地元警察が存在していなかったのは明らかである。つまりこの文民警察官に関する国連の手引書は，UNTAETのような国家構築型PKOには適用できない。また一般的なPKOにおける文民警察官の派遣期間は1要員あたり6ヶ月であるが，国家構築型PKOにおいては，さらに長期間の任務が提案されるべきである。また同様に，国連はUNTAET文民警察官により明確な共通の政策基準を設けるべきである。たとえば，UNTAET文民警察官は，その現場における活動に3つの異なった法基準（インドネシアにおける法規，UNTAETにおける法規，さまざまな国際法）を適用しなければならなかったのである。

　UNTAETの時代の司法に関しては，とりわけ大きな問題を抱えていた。この問題はUNTAET以前のINTERFETの時代にまで遡ることができる。1999年9月，INTERFETは東ティモールの安全保障を回復させるという任務の遂行のため多数の民兵を勾留した。INTERFETには民兵を勾留する法的規定がなかったためにその任務の解釈を拡大し，民兵を重大な罪を犯したとして逮捕

した。しかし当該者が 96 時間勾留された場合，その勾留人はそれまで勾留された根拠と今後勾留を継続されるべき根拠を指揮官から提示されなければならない。その結果，多数の勾留者は十分な証拠がなく釈放されてしまうという事態が起きた[40]。

　INTERFET における司法的能力の限界は UNTAET にも見られた。国連安全保障理事会決議 1272 (1999) および UNTAET 規定 1991/1 によると，東ティモールにおいて国連事務総長特別代理がすべての立法および行政権を行使できることになっており，よって UNTAET は東ティモールの統治権を有していた。しかし UNTAET のスタッフが東ティモールに到着した際には，この領土における司法制度はまったく機能していなかった。東ティモール内で司法行政官を新たに採用補充することはきわめて困難であった。なぜならこの地において大学法学部の学位取得者はおよそ 60 名のみであり，しかもその 60 名のほとんどはインドネシアの占領時代には法律業務に従事する機会が与えられなかったからである。実際に 2000 年 1 月に UNTAET が最初に雇用する以前には，東ティモール人の裁判官や検察官は過去において 1 人も存在しなかった。2000 年 1 月 7 日ディリの地方裁判所において，最初の裁判官，検察官，および弁護士が任命されたが，彼ら全員は初めてそのような任務を任されることになった。彼らは，法務省のメンバーとともにオーストラリアのダーウィン (Darwin) で 1 週間のトレーニングを行ったのみであった。そして 2000 年 7 月 26 日，初めて新しい東ティモールの司法制度の下で刑事裁判が始まったのである。

　UNTAET はいわゆる「ハイブリッド司法制度」を採用し，国内および国際司法官の両方を雇用した。国連は裁判官や弁護士を前向きに派遣する貢献国を探すのに困難を要した。その結果，重犯罪に分類されるものでも 700 から 800 のケースは未処理のまま放置され，多数の重犯罪の容疑者が釈放されていった。短期的利益のためといえども，このように極端に融和的な政策は厳しく非難され，司法制度への東ティモール人の信頼はひどく損なわれ始めた[41]。

　司法部門においても財政不足は明確であった。たとえば，旧ユーゴスラビアやルワンダの国際法廷に計上される財政予算はおよそ 16 億ドルであるのに対

して，2002 年の東ティモールの同分野における予算はわずか 630 万ドルであり，その内の 600 万ドルは国際裁判官の給与に割り当てられた。1999 年の反独立派の民兵による暴動によって，法廷の建物やそれまで行われた裁判を記録したファイルやその他の記録がすべて破壊され損失していたことにより，状況はさらに深刻化していた。司法関係の職員のみならず翻訳家や業務用車の不足によって，未公認の勾留者の状況は悪化した。一時しのぎのために設立された勾留者センターの限られた収容能力は，すぐさま最大限に達し，UNTAET は逮捕者の数の制限を余儀なくされた。国連文民警察官は，1999 年 8 月および 9 月での暴動において国際人道法および人権法に著しく違反した民兵を勾留するために，それまで勾留していたその他の重犯罪による容疑者を釈放しなければならなかった[42]。

　司法作業の効率もまた同様に疑問視された。東ティモールでは，5 人の裁判官が 2 つの裁判を同時進行させながら順番に行っていた。このことによって複数の裁判が行われる一方，双方のうちの片方の裁判が常に進行を妨げられるという事態に陥った[43]。

　東ティモールの司法制度において業務分担が不明瞭であることも指摘された。UNTAET が遵守を義務付けられているインドネシアにおける犯罪手続き規定（*the Indonesia Code of Crime Procedure*）のもとでは，犯罪事例における逮捕，勾留そして捜査の任務は捜査員に委ねられている。東ティモールにおいては，文民警察官がその捜査員の任務を担当していた。しかし，文民警察官は任務の指図を検察官ではなく裁判官から受けていたことが一層の混乱を招いた。現実に，裁判官による容疑者の逮捕や勾留は違法であり，彼らにそのような手段をとる法的権限は存在しない[44]。

　勾留日数の長さに関しての司法手続きにおいても不明瞭な部分が見られた。先述したインドネシアにおける犯罪手続き規定によると，勾留者は逮捕された後 110 日の内に法廷の方に送られなければならず，さもなければ釈放されなければならないことになっていた。1999 年 12 月 12 日ファリンティルのメンバーであるビクター・アルベス（Victor Alves）が反独立派のリーダーの殺害の容疑で INTERFET によって逮捕された。しかしながら，検察側の主張によると，

INTERFETによって勾留された期間は，その後引き続きUNTAETにより勾留された期間に含まれないことになり，このことが裁判官にも認められた。しかしながらUNTAETが東ティモール内の治安確保という任務をINTERFETから引き継いだのであり，それゆえINTERFETの期間の勾留がその個人の全体の拘留期間に含まれないのは，大いに疑問の余地が残るところであった。

このように長引いた勾留に対する慢性的な状況は，東ティモール社会を困惑させるだけでなく，自由で迅速な裁判を行うための根本的な権利を侵害するものであった[45]。このように裁判実施の遅れ，長引く勾留，不明確な勾留制度，さらには正当性の欠ける容疑者の釈放は，不平等な司法制度や空虚な秩序を生み出し，そのことにより「東ティモールでは公平な司法制度が確立されていない」という民衆における認識が広まってしまった。2000年8月におけるアムネスティー・インターナショナルからの報告によると，このような状況によって東ティモールにおいて新たな人権問題が加わった。すなわち信頼性に欠ける公的な地方制度に代わり，非公認の「秩序厚生」組織が台頭した。この組織は特に1999年の住民投票において暴力的反乱を起こした反独立派民兵を標的に暴行や拷問を「刑罰」とみなした[46]。

東ティモールにおける勾留の延長問題を解決するために，国連平和維持隊のなかに軍事弁護士隊の設立が提唱された。このような軍事弁護士は，司法的な空白を埋め，将来の平和構築のために不可欠な任務になると思われる。軍事弁護士の配置は，平和構築ミッションの早期において特に効力を発すると考えられるゆえ，国連はこの軍事弁護士の招集を迅速化すべく，国際弁護士の待機制度（stand-by arrangement）を創設することも提唱された[47]。

5−5　UNTAETの統治（ガバナンス）部門の問題

複合型国連PKOにおいて，最も重要な部門の1つとして「良い統治（good governance）」，いわゆるガバナンス部門があげられる。ガバナンスを考える上で，UNTAETのように国際援助団体から派遣された職員と現地で採用された職員の間での「役割分担」は，「良いガバナンス」実現のための重要な要素で

ある。一般に国際スタッフは現地スタッフよりも直接管理能力や技術的専門能力は高いといえる。これは短期的利益を考えた場合は重要な要素である。一方で，自助努力を推進することによって，その新しい国家政府自身の統治能力を高めるために長期的な展望を鑑みた場合，現地職員をできるだけ多く採用することは大変に意義のあることである。しかしながら国家構築のプロセスにおいては，多くの新しい国家は一般的に行政経験に欠けている。東ティモールにおいても，1999年の住民投票の後にすべてのインドネシア人の行政官が本国に帰還し，行政部門が不在に近い状況に陥った。暫定統治をする上で，現地社会から適任の公務員を採用することは困難であり，この点で東ティモールも例外ではなかった。

　UNTAETでは，「良い統治」を目指すために，いわゆる"two-track（2つの起動）"方式が採用された。この方式では，現地採用の公務員は国際公務員から独立した経路で採用され，給与体系もUNTAETの職員とは異なっていた。東ティモールは1999年の住民投票以来実質上すべてが崩壊し，それゆえ国家構築ミッションを是が非でも必要とした一方で，UNTAETは東ティモールの人々が自分自身の国家建設に十二分に貢献できる状況をつくり上げなければならなかったことも事実である。

　UNTAETの地域行政室の前室長であったジャラット・チョプラ（Jarat Chopra）は，自身の論文「東ティモールにおける国連王国（"The UN's Kingdom of East Timor"）」において，UNTAETのさまざまな構造上の問題を指摘した。チョプラは，UNTAETは東ティモールの独立（2002年5月20日）までの移行期間中，東ティモール人と権力を共有する意向はまったくなかったと指摘している。UNTAETは任務の初期からスタッフの中枢のなかにはティモール人を登用すべきであるという東ティモールの政治指導者グスマオの要求を受け入れようとしなかった。わずかな例外を除けば，UNTAETの官僚制度のなかにティモール人はいなかった[48]。ティモール抵抗民族評議会（CNRT）の副会長であり，独立後外務大臣そして大統領にもなったラモス・ホルタ（Ramos-Horta）は，「ティモール人の間で，フラストレーションやUNTAETに対する不信用の意識が芽生えている」と批判的な発言を述べた[49]。このフラストレーショ

ンは，たとえば財産をほとんど所有しない東ティモール人と真新しい 4WD の大型車を運転する国連職員における生活水準の大きなギャップから来るものでもあった。UNTAET におけるティモール人の仕事の多くは，清掃，運転手，守衛，通訳などであった。つまりティモール人は，自らの国で外国からの国際援助団体の召使の職人として扱われるようになってしまった。2000 年 5 月ホルタは，東ティモールすべての地域行政官の撤退と現地の指導者の配置換えを要求した。UNTAET が第 1 期の統治の融合において土着の政党や国民の登用を拒んだ際に，ティモール人による政府の設立という目的は達成されなくなった[50]。UNTAET の上級高官にも現地民が UNTAET 暫定政府のなかでもっと発言権を強めるような慣習を作っておくべきであったということを認めた者もいた[51]。UNTAET のデメロ特別代表もまたティモール人がもっと早期に独立への移行プロセスで登用されるべきであったと認める発言をした[52]。その結果，「東ティモールのティモール化」に向けた政策がようやく始まったのである。

　東ティモール人の国家構築に直接参加する UNTAET の最初の試みとして，1999 年 12 月 2 日の国民諮問評議会（NCC）の設立であり，その評議会は UNTAET のみならず東ティモール人を含む 15 名のメンバーから構成された。2000 年 4 月 5 日には UNTAET のデメロ特別代表が，国内の 13 からなる地域の副行政官に東ティモール人を登用することを発表した。公共サービス委員会（The Public Service Commission）が設立され，約 7,000 名の公務員の雇用計画が発表された。市民サービス学院（The Civil Service Academy）で 2000 年 5 月 1 日にその最初のトレーニングが始められた。このサービス学院は，2000 年 12 月までに 1,200 名以上のティモール人が公務員になるためのトレーニングを行った[53]。さらに 2000 年 7 月国民諮問評議会は国民評議会（NC）に取って代わられ，その新評議会には 33 名のティモール人代表者が含まれた。その 33 名の代表者は多方面から任命された。（その内訳は，7 名の CNRT の代表者，3 名のほかの政党の代表者，国内 13 の地域からの代表者を各 1 名，学生，青年団，NGO フォーラム，女性団体，職業連盟，ビジネス協会，農業コミュニティー，労働組合，ローマカトリック教会，プロテスタント教会，イスラム教コミュニティーからの代表者を各 1 名）[54] 国民評議会の

設立後，東ティモール暫定統治機構（ETTA）がUNTAETの公共統治政府（GPA）部門に取って代わった。ETTAは「政府」としてみなされ，以前の"two-track" 政策からUNTAETとの "co-government（共同政府）" という形態で東ティモールの国家構築ミッションが継続された。この共同政府という形態においても依然として国連事務総長特別代表が絶対的な権力を保持していたが，以上で述べた「ティモール化への即席の継ぎ接ぎ作業」は至る所で非難をされた。サイモン・チェスターマン（Simon Chesterman）も次のように述べている。

　後知恵にはなるが，UNTAETの高官の考えるところの初期における東ティモール人との協議の試みは，全体を困惑させたに過ぎず，せいぜい東ティモール人側からすればUNTAETを正当化したに過ぎないということである。能力開発や暫定政府の段階では，東ティモールの公共サービスの底上げこそが大きく要求され，シニアレベルの協議は重要視されなかったのである。この協議の不適格性に合わせて，全体の公共サービスのティモール化の失敗は，UNTAETの構造の改革を迫ったのである[55]。

　東ティモールの暫定政府における大臣の任命においても適切な枠組みが形成されなかった。グスマオは，大臣職のほとんどをかつて独立闘争の時代に活躍したファリンティルのメンバーに与えたのである。実に6人の大臣職のうちの5人が政治亡命として海外に滞在していた者であった。カンボジアのケースでも認識されるように，政治亡命者は，その外国語の実力と抵抗運動期間中の軍事活動能力によって大臣職に任命されることがあった[56]。しかし，よく訓練された抵抗運動の指導者や政治亡命者が，必ずしも良い統治をつくり出す能力があるとは限らない。

　ティモール化は東ティモールの政治指導者間における権力闘争を生み出した。グスマオとフレティリンの指導者たちはお互いにライバル関係になった。2001年4月の大統領選挙においては，グスマオが大差の勝利で大統領に選出された。その後2001年8月の総選挙では，選出された88名の憲法議会のメン

バーのうち 55 名はフレティリンからの選出であり，彼らは大統領の権限を大きく制限した憲法を草案したのである。UNTAET はまた東ティモールにおける新たな公用語の選択を新政府に委ねた。しかし，新たに公用語に決定されたポルトガル語は，東ティモールの 5 ％の人々にしか使用されていなかった。この決定によって，東ティモールの学校は混乱を極めた。ポルトガル語を話せる教員も生徒もほとんど存在しなかったからである。UNTAET は，国内の土地所有権の問題も新政府に委ねた。しかしこの問題もポルトガルとインドネシアの統治時代以来，複雑化している [57]。

5−6　国家構築型 PKO としての UNTAET から得た教訓

　この章では，東ティモールにおける国家構築型 PKO である UNTAET に関する細部にわたる問題を取り上げ，次のような教訓が得られた。国連暫定統治は，地域の指導者，NGO，民兵，ほかの国連機関，そして草の根レベルの一般民衆まで広範囲の組織や人々と対話をしていくことが必要である。国連暫定統治の任務は明瞭でなければならないと同時に，ミッションの多様性や予測困難な側面から柔軟性を持った任務が必要であろう。受入国側の政治，社会，そして文化的な背景を知識として事前に得ておくことが重要である。援助や後方援助における物資の不足の解消も根本的に重要である。しかしながらそのような物資を適時に流通させ使用していくことはさらに重要なことである。UNTAET の司法活動には大いに問題が生じた。東ティモールの新しい司法や刑事裁判において，公平性や透明感に欠けるところが見受けられた場合，国民からの信頼醸成の点で致命的になる。UNTAET による難民帰還の活動においては今後の国連暫定統治のための重要な教訓を得た。すなわち司法と和解との間の関係の明確化の重要性である。軍民関係は，平和構築ミッションにおいて今後とも重要な役割を果たす。東ティモールにおける UNTAET の社会構造の問題点から，国際組織の過度の介入を慎み，地域のオーナーシップを高めることも必要である。国連暫定統治には，独立政府への移行を鑑み，できるだけ

多数の国内行政官の登用が必要である。前国連行政官が述べていたように，国内行政官に責任を与えることは彼らに自尊心や威厳を与えることにもなる[58]。国連暫定統治の国連官僚社会における政治的腐敗は最小限にとどめるべきである。そのような見地からも，国連暫定統治の事務総長特別代表は，国連本部からの強い影響を受けることなく，現地ミッションの要員の雇用や昇進，さらには解雇にいたるまでの人事権の強化を推し進めるべきである。

　UNTAET 平和維持軍の最高司令官であったブーンスラング・ニアムプラヂット（Boonsrang Niumpradit）陸軍中将は，インタビューのなかで，国連暫定統治をより成功に導いていくために最も重要なことは長期的な視野を持つことであると述べている[59]。短期的な戦術と同時に長期的な戦略というものが国連 PKO においても重要な課題である。UNTAET という短期的な活動の教訓から東ティモールという国家の長期的な将来，および国連平和構築という今後の長期的な将来を如何に結び付けていくべきかは，東ティモールの人々自身，そして国連自身にかかっている。

5 - 7　その後の東ティモールと UNTAET の総括

　2002 年 4 月東ティモールで大統領選挙が行われ，独立派のリーダーであったシャナナ・グスマオが 82.7％の投票率を獲得し初代の大統領に就任した。そして同年 5 月 20 日には，東ティモールは念願の独立を果たした。UNTAET は，国家構築型 PKO としての役割を果たした。そして UNTAET は「暫定統治機構」としての任務を終了し，5 月 17 日国連安保理決議 1410（2002）により東ティモールの国連 PKO は，UNTAET から国連東ティモール支援ミッション（UNMISET）に取って代わられた。UNMISET の任務は，1）行政組織への援助，2）国内法の実施，執行，および援助，3）東ティモール国内外の安全保障の維持への貢献という 3 部門から構成された。UNMISET は，約 3 年間の任務を終了し，2005 年 5 月 21 日には国連の特別政治ミッションである国連東ティモール事務所（UNOTIL）が設立された。

　しかし規模や任務が縮小された UNOTIL の時代の東ティモールでは，2006

年に国内政治上の暴動が勃発した。そして東ティモールは再びオーストラリア軍主体の治安維持隊が介入した。国連も 2006 年 8 月 26 日国連安保理決議 1704 (2006) において，1,608 名の国連警察官を中心に構成される国連東ティモール統合ミッション（UNMIT）の設立を採択した。UNMIT が設立されてからは東ティモール内においては安全保障上の深刻な問題が指摘されることはなく，ティモール海の天然資源の採掘を主産業として国内経済も潤い，着実な国づくりがなされている。2012 年 12 月 31 日付で UNMIT の任務は終了した。

　東ティモールにおける国連平和活動においては，UNAMET に始まり，その後本章が扱った UNTAET，UNMISET，UNOTIL，そして UNMIT と実に 5 つのミッションが展開された（非国連ミッションとしては INTERFET も加えられる）。国連をはじめとする国際社会の東ティモールに対する強い政治的意思が窺える。そのなかでも UNTAET は，東ティモールの安全上の危機の時代から国家を独立に導くまでの混乱した時代においてその任務を果たした PKO であったといえよう。本章では東ティモールの国家構築の過程が容易ではなかったことがさまざまな局面から指摘されたものの，東ティモールは独立国家として着実に発展している。これは UNTAET において人口約 100 万人の極小国家に近隣諸国を中心に 1 万人近い要員が派遣され，国連からもアジア太平洋地域からも大きな協力を得られたことが大きい。とりわけ地域大国であるオーストラリアは，UNTAET 期を含めて一貫して東ティモールに平和維持（執行）軍を派遣し続けた。このオーストラリア隊をはじめとする UNTAET の豊富な軍事要員により，国連憲章 7 章に基づく「平和執行」や「強化された PKO」も機能した。インドネシア政府も国連ミッションに概ね協力的であり，それによって反独立派民兵も，威嚇行為は頻繁に行ったものの，深刻で執拗な反乱や暴動は起こさなかったといえる。

　東ティモールにおける国連 PKO の評価は，その「国家構築ミッション」としての成果によるところが多いであろう。その国家構築の重要な項目として民主化社会への移行がある。その問題について花田吉隆元在東ティモール特命全権大使は次のように述べている。

102 ──◎

東ティモールの民主化は一般の基準に比べはるかに上を行っているようである。この国のメディアの活発な活動，全司法大臣逮捕まで至る厳しい汚職対策等を併せ，民主化の進展がそれなりに進んでいるとみられることは，いい意味での驚きである[60]。

【注】

1 ）多くのティモール人は殺害される前に鉄の棒や警棒，あるいは拳で叩かれたり，タバコの火で体中をやけどさせられたり，剃刀で体を切られ，悪臭の放つ水中に長時間つけられたりといったような拷問を受けた。石塚勝美『国連 PKO と平和構築－国際社会における東ティモールへの対応』創成社 2008 年

2 ）DPKO "East Timor － UNTAET Mandate" http://www.un.org/en/peacekeeping/missions/past/etimor/UntaetM.htm. Accessed on 26 August 2016

3 ）たとえば，その事実の一例として 2000 年 8 月に首都ディリにおいて，当時唯一承認されていた政党である「ティモール抵抗民族評議会（The National Council for Timorese Resistance：CNRT）」が党大会を始めた際に，西ティモールの難民キャンプに駐在していたインドネシア陸軍の兵士間で突然大規模な人員移動があった。この人員移動は，建前上兵士に休暇を与えるためであったとされているが，実際には，明らかに西ティモールのキャンプのインドネシア陸軍の兵士が民兵になりすまし，党大会を混乱させるためにディリに赴いたとされている。UNTAET 国連軍事監視団（United Nations Military Observers：UNMO）スタッフとのインタビューから。2000 年 8 月 13 日東ティモールのサメ（Same）地区において。UNTAET PKF の西部地区司令官であったダンカン・ルイス（Duncan Lewis）陸軍准将もまた西ティモールからやってきた民兵が比較的新型の軍備品で武装しているのは通常ありえないと指摘している。つまり彼らは，インドネシア陸軍の武器を使用していたのである。そして何より，インドネシアのジュオノ・サンダソノ（Juwono Sudarsono）防衛大臣さえもが，西ティモールの難民キャンプのインドネシア兵士たちが民兵を訓練したり援助したりすることがあり得ると示唆している。*The Australian*, 14 August, 2000

4 ）*The Guardian*, 25 August, 2000

5 ）Ibid.

6 ）Gorjao P. "The East Timorese Commission for Reception, Truth and Reconciliation：Chronicle of a Foretold Failure?", *Civil Wars*, Vol. 4, No. 2, Summer 2001, p. 156

7 ）Aall P. "NGO's, Conflict Management and Peacekeeping", *International Peacekeeping*,

第 5 章　複合型国連平和維持活動のケース　◎── 103

Vol. 7, No. 1, Spring 2000, p. 113

8）UN Document S/RES/1319, 20 September 2000

9）Chawla S. "Shaping East Timor : A Dimension of United Nations Peacekeeping", *Strategic Analysis*, Vol. 24, No. 12, March 2001, http://www.ciaonet.org/olj/sa/sa_mar01.html, p.5

10）Steele J. "Nation Building in East Timor", *World Policy Journal*, Vol. 19, No. 2, Summer 2002, p. 83

11）Chawla S. p. 5

12）Gorjao P. "The Legacy and Lessons of the United Nations Transitional Administration in East Timor", *Contemporary Southeast Asia*, Vol. 24, No. 2, August 2002, pp. 316-317

13）King's College, London, Executive Summary, "Independent Study Security Force Options and Security Sector Reform for East Timor", The Centre for Defence Studies, King's College, London, 8 August 2000

14）Suska R. "Securing East Timor : Military and External Relations" in Soesastro H. and Subianto L. H. (eds.) *Peace Building and State Building in East Timor* (Jakarta : Centre for Strategic and International Studies, 2002), p. 90

15）UNTAET 国連事務総長特別代理 Segio Vieira de Mello の演説から。2000 年 8 月 20 日 Aileu で行われた Falintil 設立 25 周年記念式典にて。

16）King's College, London, Executive Summary, "Independent Study Security Force Options and Security Sector Reform for East Timor"

17）Mr. Domingo Da Silva とのインタビューから。2000 年 8 月 18 日，バブル（Babulu）にて。

18）UNTAET Press Briefing, 29 August 2000, Dili

19）*Agence France-Presse (AFP)*, 12 December 2000

20）Ball D. "The Defence of East Timor : A Recipe for Disaster?", *Pacifica Review*, Vol. 14, No. 3, October 2002, pp. 179-180

21）*UNHCR Briefing Notes*, 17 October 2000

22）*UNHCR Briefing Notes*, 31 October 2000

23）*UNTAET Humanitarian Pillar Situation Report*, 12 October 2000

24）*UNTAET Humanitarian Pillar Situation Report*, 19-26 October 2000

25）*Agence France-Presse (AFP)*, 23 October 2000

26）UN Document, UN Security Council SC/7061, 18 May 2001

27）*Agence France-Presse (AFP)*, 8 June 2001

28）Steele J. "Nation Building in East Timor", *World Policy Journal*, Vol. 19, No. 2, Summer 2002, p. 81

29) *UN Office for the Coordination of Humanitarian Affairs (OCHA)*, 15 January 2002

30) UN Document S/2002/80, *Report of the Secretary-General on the UN Transitional Administration in East Timor*, 17 January 2002, para. 34

31) この西ティモールにおける定住プログラムは 2002 年 11 月に始まり，その地域に留まることを希望する約 6,500 人の東ティモールの人々を対象とした。このプログラムによると，UNDP と UNHCR が 3,010 の難民家族に対して家屋や経済的援助の提供をすることによってインドネシア政府を手助けすることになるという。Ibid. para. 37

32) UN Document A/57/353 *Assistance for humanitarian relief, rehabilitation and development in East Timor: Report of the Secretary-General*, 23 August 2002

33) *UNTAET Daily Briefing*, Dili, 28 March 2002

34) *Agence France-Presse（AFP）*, 26 February 2002

35) Hills A. "International Peace Support Operations and CIVPOL : Should there be a permanent Global Gendarmerie?", *International Peacekeeping*, Vol. 5, No. 3, Autumn 1998, p. 31

36) La'o Hamutuk, "An Assessment of UN's Police Mission in East Timor", *The La'o Hamutuk Bulletin*, Vol. 3, No. 1, February 2002

37) Beauvais J. "Benevolent Despotism : A Critique of UN State-Building East Timor", *International Law and Politics*, Vol. 33, No. 4, 2000, pp. 1152

38) 筆者による UNTAET に関する現地調査より。2000 年 8 月。

39) Hartz H. "CIVPOL : The UN Instrument for Police Reform", *International Peacekeeping*, Vol. 6, No. 4, Winter 1999, p. 33

40) Chesterman S. "Justice Under International Administration : Kosovo, East Timor, and Afghanistan", *An International Academy Report*, September 2002, p. 7

41) Beauvais J. p. 1155

42) Strohmeyer H. "Collapse and Reconstruction of a Judicial System : The United Nations Missions in Kosovo and East Timor", *American Journal of International Law*, Vol. 95, 2001, p. 58

43) Cohen D. "Seeking Justice on the Cheap : Is the East Timor Tribunal Really a Model for the Future?", *Analysis from the East-West Center*, No. 61, August 2002, p. 5

44) Linton S. "Rising from Ashes : The Creation of Viable Criminal Just System in East Timor", *Melbourne University Law Review*, Vol. 25, 2000, p. 19. http://austlii.edu.au/au/journals/MULR/2001/5.html

45) Ibid. p. 25

46) Amnesty International, *East Timor: Building a New Country Based on Human Rights*, 29 August 2000

第 5 章　複合型国連平和維持活動のケース　◎── 105

47) Strohmeyer H. "Collapse and Reconciliation of a Judicial System : The United Nations in Kosovo and East Timor", *American Journal of International Law*, Vol. 95, 2001, pp. 61-62

48) Chopra J. "The UN's Kingdom of East Timor", *Survival,* Vol. 42, No. 3, Autumn 2000, p. 32

49) *The Guardian,* 30 August 2000

50) Chopra J. *op.cit.*, pp. 33-36

51) International Peace Academy, Conference Report, *You, the People: Transitional Administration, State-Building and the United Nations,* Chadborne & Parke, New York, October 18-19, 2002, p. 32

52) McBeth J. "Whose Future Is It Anyway?", *Far Eastern Economic Review,* 9 November 2000, p. 71

53) Beauvais J. pp. 1143-1145

54) Gorjao P. "The Legacy and Lessons of the United Nations Transitional Administration in East Timor", p. 319

55) Chesterman S. "East Timor in Transition : From Conflict Prevention to State-Building", Report to the International Peace Academy. May 2001

56) Quoted from Roberts D. *Political Transition in Cambodia 1991-99: Power, Elitism and Democracy* (Richmond, Surrey : Curzon Press, 2001), Chap. 7

57) Steele J. "Nation Building in East Timor", *World Policy Journal*, Vol. 19, No. 2, Summer 2002, p. 80

58) International Peace Academy, Conference Report, *You, the People: Transitional Administration, State-Building and the United Nations,* Chadborne & Parke, New York, 19-19 October, 2002, p. 9

59) UNTAET 最高司令官 Boonsrang Niumpradit 陸軍中将とのインタビューから。2000 年 8 月 22 日，ディリにて。

60) 花田吉隆『東ティモールの成功と国造りの課題－国連の平和構築を越えて』創成社 2015 年 p. 57

第6章

武力行使型国連平和維持活動のケース
—コンゴ国連活動（ONUC），国連コンゴ民主共和国
ミッション（MONUC）そして国連コンゴ民主共和国
安定化ミッション（MONUSCO）—

　アフリカの中央部に位置するコンゴ民主共和国（以降コンゴとする）は，その
国内紛争の実態と国連による紛争解決手段においては，ほかのケースには類を
見ないほどの際だった記録が残されている。まずコンゴは歴史上最も残酷で恐
怖に満ち，そして複雑な紛争を経験した。たとえば1998年以降において500
万人以上の者が紛争の犠牲になり，これは第2次大戦以降最も多くの死者を出
している紛争である[1]。その一方で国連は，1960年より国連PKOを派遣する
ことによりコンゴに対して際立った献身を捧げている。実際に国連がコンゴの
PKOにおいて発した国連憲章7章に基づく安全保障理事会決議の数は，ほか
の国連PKOには類を見ないほどになっている。この国連憲章7章に基づく
PKOの活動は，平和維持活動というよりは平和執行部隊（peace enforcement），
あるいは「強化されたPKO（robust operations）」であり，いわゆる「武力行使
型PKO」といわれている。それにもかかわらずコンゴにおける国連PKOは，
その歴史上最も不成功な活動とも評価されている。

　国連は，コンゴにおいてONUC，MONUC，そしてMONUSCOという3つ
のPKOを設立・展開させた。本章では，コンゴの国連PKOのケースとして
その3つの活動すべてに焦点を当て，武力行使型PKOとして国連がどのよう
に介入したかについて扱う。

第6章　武力行使型国連平和維持活動のケース　◎── 107

6－1　国連史上初の平和執行部隊としての国連コンゴ活動（ONUC）

　1960年代にはコンゴには国連コンゴ活動（ONUC：1960 - 1964）という国連PKOが設立された。1960年コンゴは，多方面においてさまざまな紛争危機に直面していた。一方ではジョセフ・カサブブ（Joseph Kasavubu）大統領とパトリス・ラマンバ（Patrice Lumumba）首相が国内の権力の掌握を競い紛争を繰り返していた。またコンゴ内の紛争は，東西冷戦時代の「代理戦争」ともいわれていた。カサブブ大統領はアメリカから支持を受け，ラマンバ首相はソ連から援助を受けていた。また他方で，コンゴの総輸出額の80％を占め，かつコンゴ政府の財源の50％を担うコンゴ南東部に立地するカタンガ州では，モイーズ・チョンベ（Moise Tshombe）が独立を宣言した。この危機においてかつての植民地宗主国であるベルギーの部隊がコンゴに介入した。ベルギー政府は，人道的な理由としてその介入を正当化したが，そのような利他的な理由に対して懐疑的な見方が一般的であった[2]。

　このように市民戦争に巻き込まれていたコンゴにおいて国連安全保障理事会は，1960年7月14日決議143 (1960) においてONUCの設立を採択した。その任務は，ベルギー部隊のコンゴからの撤退の監視，法と秩序を維持すべくコンゴ政府への援助，そしてそのための技術的な指導であった。ONUCの設立初期の段階において兵士は，戦闘軍ではなく平和維持軍の要員であること，コンゴ政府の要請に応えるためにこのコンゴの土地にやってきたということ，そしてコンゴの人々をあらゆる暴力行為から守ることを教え込まれた[3]。設立当初のONUCにおける武力行使に関する基本原則は，シナイ半島で実施された第1次国連緊急隊（UNEF I）のそれに倣う形でつくられた。その原則においては，ONUCの兵士は決して自分たちから武力を行使してはならず，相手方の武器使用を含む戦闘行為に対してのみ武力を持って応えることが許された。そして国連安保理の権限によってONUCの軍事司令官の命を受けた要地から相手方を撤退させることがONUC兵士の武器使用の目的であった[4]。

このように ONUC 設立の初期段階においてその兵士の積極的な武力行使は禁止されていた。これは国連 PKO の持つ「中立」「合意」「最小限の武装」という基本 3 原則を遵守する意味でも当然のことと考えられていた。

しかしながら武装集団による ONUC への攻撃が続いた。1960 年 8 月においてはラムンバ首相を主導とするコンゴ国民軍（Armee Nationale Congolaise：ANC）が南カサイ州に進軍し，女性や子どもを含む反政府グループである一般市民の多くが殺害された。1960 年 10 月には ONUC における交戦規定（ROE）が，ニューヨーク国連本部の PKO 局によって策定された。その交戦規定によると ONUC の軍事要員は次のような場合に武器の使用が許可されるようになった。

1．武装集団をそれが占領した要地から撤退させる試みに際して
2．武装集団を武装解除させる試みに際して
3．武装集団の司令官からの指令の実行を妨げる試みに際して
4．武装集団の国連施設への侵害や国連職員の拘束や誘拐・拉致に対する試みに際して[5]

ついに ONUC は国連ミッションながらも武力行使の権限が与えられた。1961 年 2 月 21 日国連安保理決議 161（1961）により安保理は国連に対して，コンゴにおける休戦協定の調整，すべての軍事行動の停止，そして必要あらば最終手段としての武力行使を含めることによってコンゴでの市民戦争の終焉のための「あらゆる手段を行使」する権限を与えた[6]。すなわち ONUC は国連によって実行された最初の平和執行部隊のケースである。しかし安保理決議が採択されてからわずか 2 か月後の 1961 年 4 月に ONUC のガーナ隊が ANC より攻撃を受け，44 名が無残にも殺害されるという残虐な事件が発生した。

その後同年 8 月ダグ・ハマーショールド（Dag Hammarskjold）国連事務総長の権限により，「ランパンチの作戦（Operation *Rumpunch*）」の下に ONUC はカタンガ州のエリザベスビルにあるラジオ局や公共施設を武装集団から解放し，80 名の傭兵を迎撃し 350 名の兵士を投降させた[7]。

さらに 1961 年 9 月カタンガ州のコーナー・クルーズ・オブライエン（Connor

第6章　武力行使型国連平和維持活動のケース　◎——109

Cruise O'Brien) 国連代表がさらなる「モーサーの作戦 (Operation *Morthor*)」の実行を決定した。この作戦の目的は，外国人部隊を鎮圧し，チョンベを弱体化させ彼を交渉のテーブルに着かせることであった。しかしこの作戦の最中に，ハマショールド事務総長は，彼を乗せたコンゴ行きの飛行機が事故に遭遇し命を失うこととなった。一方「モーサーの作戦」において ONUC 兵士は強い抵抗に遭い，独立を主張するカタンガ空軍から甚大な被害を被った[8]。

　当時ハマーショールド国連事務総長は ONUC における積極的な武力行使を望まなかったが，彼の後継者であるウ・タント (U That) 事務総長は，武力行使が当時コンゴから分離を主張していたカタンガ州の強硬派を取り締まる唯一の方法であると考え，それが国連がコンゴから「名誉ある撤退」を見込める手段であると考えた。1961 年秋期よりエリザベスビルに小規模の空軍を含む軍事施設を設立した。1961 年 12 月初旬コンゴ人憲兵が路上バリケードをつくりエリザベスビルとその近郊の ONUC 部隊を孤立させるための活動を行った。ONUC はその対抗措置としてバリケードを破壊した。そして ONUC 部隊とコンゴ人憲兵との間での小戦闘が大規模なものに発展し，結果的には双方に多数の犠牲者が出てしまった。同年 12 月 21 日チョンベは，いわゆる「キトナ協定 (Kitona Declaration)」に署名をし，コンゴ中央政府のコンゴ全土における権限を承認した。

　しかし 1962 年 10 月 ONUC は，カタンガ州におけるコンゴ人憲兵と外国人傭兵が戦闘の準備段階にあるという情報を得た。彼らは明らかに「キトナ協定」により進められる国民和解計画に反対の立場であった。1962 年 12 月にカタンガ軍は，国連によって課せられた経済制裁に対する報復措置として国連基地を砲撃した。そして「キトナ協定」は実質上有名無実となった。それに対して国連事務総長は ONUC に対して新たな軍事作戦を命じた。同年 12 月 28 日新たな「グランドスラムの作戦 (Operation *Grandslam*)」が開始され，ONUC 兵士は，自らの安全確保や行動の制限の排除のために再度エリザベスビルの路上バリケードを解除した。さらにエリザベスビルから，キプシ (Kipushi)，カミヤ (Kamiya)，そしてジャドビル (Jadotville) の安全を確保し，PKO としての通常業務の回復と地域市民の安全を確保した。

　1963 年 1 月初旬，チョンベはついにカタンガ州の分離独立の終焉の準備を

宣言した[9]。それ以降 ONUC のコンゴにおける法と秩序の回復のための活動は，とりわけ深刻な問題もなく続けられた。そして 1964 年 6 月 30 日 ONUC はついに計画に沿いコンゴからの撤退を果たし任務を終了させた。

　一方 ONUC の市民保護の活動に関しては，何の罪もない一般市民が被った人道的な苦境を緩和する活動に対しては多大な困難に直面した。コンゴ人憲兵によって砲撃される地域に住む市民は ONUC によって保護され，特に子どもや女性は ONUC によって特別な配慮のもとに護衛を受けた。チョンベに意を反する 4 万人もの人々が逃れてきたバルバ（Bulba）難民キャンプでは，ONUC が大隊を派遣しその保護にあたった。しかし以上述べた ONUC による人道的な援助活動は，その活動範囲が限られており，ONUC の市民保護の効果も限られていたといえる。

　ONUC の活動を総括すると，一方で ONUC は外国人部隊のコンゴからの撤退とカタンガ州の分離独立の阻止という任務を遂行できたことに対しては前向きな評価を与えることができる。しかしウィリアム・ドゥルチ（Willaim Durch）が指摘したように，ONUC での国連の武力行使やその他の大いなる苦闘が国連組織そのものに大きな疑問を投げかけた。その結果 ONUC での国連での苦境からの 10 年間は，新たな国連 PKO が設立されることはなかったのである[10]。またアフリカに次の国連 PKO（ナミビアにおける UNGAG）が設立するまでのは 20 年以上の月日を要した。ONUC のミッションで，245 名の軍人と 5 名の文民を含む 250 名の要員の命が犠牲になり，この犠牲者の数は東西冷戦時代における国連 PKO のなかでは最悪なものとなった。この ONUC の結果により国連の評判は甚大なるダメージを受けた。いい換えれば PKO の任務の遂行とその活動の全体の評価は，必ずしも一致しないことが ONUC のケースで認識された。

　アフリカ諸国は，外部の介入を許すことなく地域の問題を解決することを目的として 1963 年アフリカ統一機構（Organization of African Unity：OAU）を設立した[11]。

　国連は，平和執行あるいは平和強制に対しては ONUC において苦い教訓を得た。この ONUC の経験を基に，国連はそれ以降における平和執行に対して

第6章　武力行使型国連平和維持活動のケース　◎── 111

大いに慎重な姿勢を見せ，冷戦期間中において多大な武力行使を伴う平和執行
部隊を要求されることはなかったのであった。

6－2　市民保護としての MONUC

　コンゴでは 1965 年モブツ・セセ・セコ（Mobutu Sese Seko）が軍事クーデ
ターで権力を掌握した。彼の政権は，世界で最も腐敗したものであった。彼
は，金やダイヤモンドのような天然資源の採取を行うビジネスに国の軍事指導
者が従事することを許可した。彼らの兵士たちは窃盗，強奪，ゆすり，不正逮
捕，不法な罰金徴収などの罪を犯し続けた。モブツはまた腐敗した地方の政治
家から支持を受ける見返りとして，彼らの地方での不正な政治権力の行使を黙
認した [12]。東西冷戦後モブツの自由化政策は成功せず，1993 年コンゴは武装
勢力間での戦闘状態になった。1996 年ローラン・カビラ（Laurent Kabila）率い
る連立組織がルワンダとウガンダの外国軍の援助を得て権力を掌握した。しか
しこのような外国軍はコンゴ内ではあまりにも不人気であったために，カビラ
は外国部隊をコンゴから撤退するように命じた。1998 年ルワンダ，ウガンダ，
そしてブルンジは，今やコンゴの大統領になったカビラが彼らの安全保障に関
する懸念に対して十分に応じていないという理由で，コンゴに宣戦布告をし
た。さらにアンゴラ，ナミビア，モザンビークがカビラを支援するために援軍
を派遣しこの戦争はより複雑化してきた。これを第 2 次コンゴ戦争という [13]。
　その結果 1999 年 11 月 30 日，国連安保理決議 1279（1999）に基づき国連コ
ンゴ民主共和国ミッション（MONUC）が設立された。この安保理決議 1279
（1999）による MONUC は，コンゴとその周辺 5 カ国（ナミビア，ルワンダ，ウガ
ンダ，ザンビア，ジンバブエ）との間で締結されたルサカ休戦協定（the Lusaka
Ceasefire Agreement）を遵守することを任務とした。そして MONUC は当初国
連憲章 6 章に基づく約 500 名からなる国連監視団にすぎなかった [14]。しかし
現地の複雑な紛争状況により MONUC はより強健なミッションに変貌を遂げ
ていった。2000 年 2 月の安保理決議 1291（2000）により MONUC は「国連憲
章 7 章に基づき派遣地域において要員の安全と行動の自由を確証し，迫りくる

肉体的な暴力の脅威から市民を保護するためにはいかなる手段も取り得る」[15]という任務内容に再設定した。それゆえこの時点で MONUC は平和維持活動というよりは，むしろより武力的な行動を伴いやすい平和執行部隊に分類されるようになったのである。

6－2－1　MONUC のキャパシティーの問題

　一方このように要員の危険性を伴うミッションでありながら，国連安保理決議 1291（2000）は，その要員数をわずか 5,537 名に限定していた。コンゴ（民主共和国）の面積は西ヨーロッパに匹敵するほど広大であることを考慮すると，この要員数は十分であるとはいえない。このことはこの時期に複数の国連 PKO がほぼ同時に設立されたことが起因する。具体的には MONUC の設立が安保理で採択された 1999 年 11 月 30 日のおよそ 1 か月前の 1999 年 10 月 22 日に国連シオラレオネ派遣団（UNAMSIL）の設立が国連安保理決議 1270（1999）により採択された。その要員派遣予定の規模は 17,500 人の軍事要員と 170 人の文民警察官である。さらにその 3 日後の同年 10 月 25 日の安保理決議 1272（1999）において国連東ティモール暫定行政機構（UNTAET）の設立が採択されている。その規模は 9,150 名の軍事要員と 1,640 名の文民警察官である。コンゴ民主共和国の国土面積は，極小国家である東ティモールの約 150 倍であることから MONUC は相対的にはかなり小規模サイズのミッションであったといえよう。ここでむしろ強調すべきことは，1999 年 10 月から 11 月の間にかけて 3 つの国連 PKO が設立されており，これは明らかに国連のキャパシティー（能力）を超えるものであったといわざるを得ない。

　MONUC の基本的なキャパシティーの問題は，その要員規模だけにはとどまらなかった。要員派遣国は，ウルグアイ，チュニジア，セネガル，ボリビア，モロッコ，ガーナなどであり，ほとんどが発展途上国の部隊であった。MONUC のアモス・ナマンガ・ンゴンギ（Amos Namanga Ngongi）国連事務総長特別代表も次のように回顧している。

　明らかに MONUC はコンゴ民主共和国の国民を十分に保護できる能力は持

第6章　武力行使型国連平和維持活動のケース　◎—— 113

ち合わせていないと理解している。そのようなことは不可能だ。しかしまた明らかに MONUC は命が脅かされている人々を保護する責任や任務を持ち合わせている。我々は前向きな保護（proactive protection）を行うよりはむしろ前もって制止させるような行動（dissuasive action）を行うべきである」[16]

　MONUC においては部隊を迅速に展開できなかったこともまた問題であった。MONUC の設立が安保理で承認されてから約4カ月後の 2000 年4月の時点でも，MONUC に参加できた軍事要員はわずか 111 名であった。とりわけコンゴの東部地区の状況改善が急務であったにもかかわらず，MONUC の部隊が本来の規定数に達するまで2年の月日を要したのである。初期の活動時における MONUC への評価は分かれるところである。たとえば一方で MONUC の研究者であるデニス・ツル（Denis Tull）は，MONUC の役割は限定的であったとはいえ効果的であったという。実際に 2000 年 10 月の時点で MONUC は 4,000 名以下の軍事要員あったにもかかわらず，休戦協定や外国部隊撤退の監視を果たしていたとしている。しかしながら他方では，国連憲章7章としての「平和執行部隊」としての MONUC の果たした役割には大いに疑問を感じるところも多々あるという。カタリーナ・マンソン（Katarina Mansson）によると，国連は平和維持と平和執行の境界が曖昧であり，かつ中立性が保たれていないようなコンゴの問題のある状況の中で MONUC が関わることに深い懸念を示していたという [17]。

6−2−2　MONUC はコンゴの人々を保護することができたのか？

　前述したように MONUC は，安保理決議 1291（2000）より，国連憲章7章に基づいた強健な平和執行の活動が可能になった。しかし現実の任務は 2003 年までは軽武装の平和監視団のような活動にすぎなかった。そのような状況のなか，2002 年5月コンゴ北東部オリンタル州の州都キサンガニ（Kisangani）にある MONUC 基地の近くで 180 名以上の地域住民が RCD-Goma の反乱軍兵士により殺害される事件が発生した。この事件をきっかけに MONUC において市民保護の任務が論議されるようになった。

114 ——◎

　反人道的な大惨事と呼ばれるような状況が 2003 年にコンゴ東部のイトゥリ
(Ituri) 州において発生した。この年ウガンダ部隊がイトゥリ州の州都ブニア
(Bunia) から撤退した後，この地域は反政府兵士が活動を拡張していった。元
来イトゥリ州ではヘマ（Hema）族とレンドゥ（Lendu）族との間で長年にわたり
民族紛争が発生していた。ヘマ族率いるトマス・ルバンガ（Thomas Lubanga）
は隣国ルワンダの支援を得て「コンゴ愛国同盟（the Union of Congolese Patriots：
UPC)」を 1990 年代に結成した。UPC は敵対するレントゥ族の民間人を多数虐
殺，拷問，レイプし，また子どもたちを強制的に徴兵させた [18]。そして 2003
年にイトゥリ州を制圧するために大規模な軍事行動に訴えたのである。その結
果ボゴロ（Bogoro）では 330 人の市民が，そしてマンドロ（Mandro）では 160
人の市民が犠牲になった。MONUC がイトゥリ州に調査団を派遣したものの，
状況が悪化の一途をたどっていたためにその調査団は調査を途中で切り上げて
撤退してしまった。このイツリ州の大惨事により 50 万から 60 万人の国内避難
民が発生した。2003 年 4 月，MONUC はウルグアイの監視隊（guard contingent）
を派遣したものの，彼らの役割は国連要員とその施設を保護するというもので
とても限定的であった。暴力行為は後を絶たず，時には国連施設の近隣でさえ
発生していたのである。さらに MONUC は，ブニア空港内のキャンプに逃げ
込んだ 11,000 人もの市民を保護することすらできなかったのである。

　ついに 2003 年 5 月 8 日イトゥリ州のブニアの人々は，MONUC は地域の秩
序を保障する能力がないということを訴えるデモ行為を行った。それに対して
MONUC は路上バリケードで対応し秩序の維持を図ったが，そのバリケード
はすぐに破壊されてしまった。2003 年 5 月 9 日 MONUC 本部そのものが攻撃
の標的になった [19]。5 月 11 日，MONUC 本部の建物構内から 1 人の男が誘拐
された。ウルグアイの将校がそれに気付いたが介入することができず，結局そ
の男はその国連施設から 100 メートル以内の所で処刑された [20]。2003 年 5 月
だけでも MONUC の 700 人の「ブルーヘルメットたち」は，民兵による 400
人ものコンゴ市民に対する虐殺を傍観するしかなかったのである [21]。この時
期国連がコンゴにおいて直面した多大な困難を強調しつつも，その根本的な原
因について，MONUC が十分な数の PKO 要員を配置できないにもかかわらず

第6章　武力行使型国連平和維持活動のケース　◎── 115

自らの任務領域を過度に広げてしまったことにあったことを多くの研究者が述べている[22]。一方で MONUC の報告書は別の見解を示した。すなわち MONUC の最高司令官であるイアン・アイスバーグ（Jan Isberg）が述べたところによると MONUC のウルグアイ部隊は，自分たちの任務が国連憲章7章の活動であると認識しておらず，よって武力行使が許されるものではないと考えていた。そして彼らはそのような活動をする前に自国のウルグアイ議会からの承認を待っていたという。国連 PKO の現場においてはその最高司令官の指令に従うべきところであるが，現実には部隊の司令官はまず自国の政府と連絡をとる傾向にあった[23]。

　イトゥリ州のこのような事態において，コフィ・アナン国連事務総長がフランスに軍事援助を要請した。フランスは国連の要請を EU に提示し，その結果 EU は，その安全保障防衛政策（European Security and Defence Policy）に基づきコンゴに平和維持隊を創設することを決定した。2003年5月30日安保理決議1484（2003）により，暫定緊急多国籍軍（IEMF）が国連憲章7章に基づき設立された。その任務はイトゥリ州ブニア地区の治安状況の改善と人権の回復であった。この軍事行動は，「アルテミスの作戦（Operation Artemis）」というコードネームが与えられた。IEMF の迅速な展開は目を見張るものがあったが，その作戦はかなり限定的であった。たとえば約15万人のコンゴ市民がブニア周辺地域に避難したが，その地域には IEMF の保護はなく，暴動や戦闘による混乱は続いた。いい換えれば IEMF は，コンゴ東部の民兵を武装解除することができなかったのである。また IEMF と MONUC との間での調整機能や情報交換もなく，さらには両者での武器を共有することもなかった。IEMF の任務は2003年の9月1日に終了したが，終了した後にも，市民保護に関する武器使用の使用基準は MONUC に転用されることはなかった[24]。

　上記のコンゴ内戦の勃発以降の2004年4月までに，この紛争を原因として390万人が死亡したとされており，その人数はコンゴの総人口の1割近くに達するといわれている。コンゴの内戦の専門家である武内進一氏によると，コンゴ内戦では戦闘関連の犠牲者数よりも疾病や食料不足による死亡者の方が圧倒的に多い。いい換えると強制移住や治安悪化の中で一般市民が過酷な状況に置

かれていたといえる。このような見地からも文民保護を任務とする MONUC が十分な成果が得られているとはいい難い[25]。

2004 年もコンゴでの暴動は続いた。2004 年 5 月南部キブ州の州都バカブ（Bakavu）に反政府ゲリラのローラン・ンクンダ将軍（Laurent Nkunda）とジュレス・ムテブシ（Jules Mutebusi）大佐が侵攻し，コンゴ民主共和国軍（FARDC）と交戦状態になった。その際に MONUC の軍事要員は 800 名であった。MONUC は再び傍観するか兵舎に戻るのみであった。MONUC は攻撃用ヘリコプターを所有していながら中立性を保つために使用することは避けられた。この軍事衝突により 88 名の市民が犠牲になり 25,000 人の者がその住居を奪われた。MONUC は再度文民保護という任務を遂行することができなかったのである。これは単に MONUC の軍事司令部が消極的な姿勢であったということではないという記録が残されている。MONUC の平和維持隊（PKF）はむしろより攻撃的な手段に訴えることを希望したが，MONUC における事務総長特別代理や国連本部の DPKO 管理職者といった文民指導者たちがコンゴの内政に干渉することを好まず，よって MONUC の攻撃的な政策を避けたのであった[26]。

このような状況下において安全保障理事会は MONUC の政策の変更に踏み切った。MONUC は紛争を未然に防ぐ予防型の作戦へと変更をし，コンゴ国内で攻撃を受けやすい人々の周辺に，より多くの軍事要員を配置した。それと同時に MONUC は，2004 年 10 月 1 日に採択された安保理決議 1565（2004）によりその規模が 16,700 名，その活動予算も 10 億ドル以上となり，文字通り世界最大規模の国連ミッションとなった[27]。新たに MONUC に配置された多くは，インドあるいはパキスタンからの部隊であった。実際に安保理決議 1565（2004）のなかには以下のような批判的で，かつ警戒心を含めた文言が記載された。

本決議は，コンゴ民主共和国における暴力，その他の国際法や人権の侵害を強く非難し，よってその地域における関係集団及び政府が，迅速にこれらの侵害行為に対して責任あるものを法に照らして処断することを要求する[28]。

第6章　武力行使型国連平和維持活動のケース　◎── 117

　この緊急事態に対応すべく国連は，ヨーロッパから有能かつ経験豊かな司令官を MONUC に登用した。2005 年オランダのパトリック・カマート（Patrick Cammaert）陸軍少将が南北キブ（Kivu）州を含む MONUC の東部地域の司令官として任命された。またフランスのクリスチャン・ホーデット（Christian Houdet）陸軍大将が，MONUC の参謀総長に任命された。ホーデット大将が認めるように，MONUC はこれまでの国連 PKO の歴史で初めて通常戦争時に匹敵する完全装備の軍事部門を設立した。具体的にはイトゥリ州と南北キブ州に 3 つの強力な砲兵大隊，大規模な艦隊，優れた土木能力，さらには特殊部隊などの部門であり，これらの軍事能力でコンゴ東部の最も困難な地域に対して軍事作戦を敢行することとなった[29]。

　それではこのような「重装備」と化した MONUC の活動はどのように変貌を遂げていったのか。2005 年 2 月 25 日 MONUC の兵士がブニアから 80 キロ離れた所で保護されていた約 8,000 名の国内避難民の地域を通常パトロールしていた際に，その地域の民兵である FNI（Forces Nationaliste et Interrationistes）により奇襲攻撃を受け 9 人のバングラデシュ兵が殺害された。MONUC はこのような民兵からの攻撃に対して強健な対応で立ち向かったのである。2005 年 3 月 1 日 MONUC の部隊が再び FNI から激しい砲撃を受けた際には，MONUC の広範囲な軍事作戦が功を奏した。そして 50 − 60 人の FNI の民兵が殺害された[30]。同様に 2006 年 11 月ンクンダ将軍と FARDC が北部キブ州において再度戦闘状態になった際には，MONUC は FARDC 側を支援し，攻撃用ヘリコプターの使用を含む強健な作戦を実行し，ンクンダ側の戦士の多くが犠牲になった。

　南部キブ州の 3,700 名からなる MONUC のパキスタン大隊もまた文民保護のために威圧的な作戦に従事した。たとえば，「安全な小道作戦（Operation *Safe Path*）」と呼ばれた作戦では，カフジビエガ公園（the Kafuzi-Biega park）における一般市民の安全な通行を確保することに成功した。50 人の兵士からなるパキスタンの迅速展開軍（Pakistani Rapid Reaction Force）が迫撃砲を装備して警戒態勢で展開し，2006 年にはフツ族系 FDLR の 16 か所の軍事キャンプを破壊した[31]。

以上述べた 2005 年および 2006 年における MONUC の安全保障上の作戦は，民兵に対して MONUC が徐々に効果的な手段をとった結果であり，必要あらば MONUC の兵士が武力行使を行うことを国際社会が受け入れるものであった[32]。これらの作戦が成功したことは，オランダ人のカマート指令官のリーダーシップ，MONUC の強健な戦術，そしてそれを支えた高度な軍事技術や設備によるものであった。そしてその甲斐あって 2006 年末にはコンゴ初の大統領選挙が実施され，2007 年 2 月には議会選挙が行われた。

しかし MONUC の強健な作戦は長くは継続できなかった。2008 年 10 月キブ州で再び MONUC に支持され，新政府樹立後に新たにコンゴ民主共和国国軍になった FARDC とルワンダから援助を受けたツチ系民兵との間で武力衝突が急増した。ツチ系民兵は北部キブ州の州都であるゴマ（Goma）を征服する勢いであった。MONUC の介入にもかかわらずおよそ 25 万人の市民がこの紛争により避難民となった。

以上のことは，国連 PKO において重要な教訓を示唆したと考えられる。確かにカマート指令官による MONUC の強健な対応は一時的には平穏な状況を生み出した。しかしそのことは，逆の立場からいうと MONUC は敵対する武装勢力に復讐心を植え付けたことになる。すなわち MONUC が強健な対応を維持し続ける間は治安が守れても，MONUC の司令官が代わり，MONUC がまた中立を取る穏健な政策に戻ると，反対勢力から復讐を受けるべく攻撃を受けてしまうのである。

この緊急的な人道危機は，新たな 3,000 名の外国軍の増兵により解決すべきという提案が国連内でも出された。しかし EU はこの提案を受け入れることはなかった。フランスのニコラス・サルコジ（Nicolas Sarkozy）大統領は，遠方の EU 軍ではなくアンゴラのような地域大国からの軍隊を召兵すべきであると主張した。サルコジ大統領は，3000 名の増兵を国連 PKO，すなわち MONUC 内から行うことにも疑問を呈した。彼は，「MONUC はすでに 17,000 の兵力を持ち歴史上最大規模のオペレーションであるにもかかわらず，有益な働きをしている兵士は 800 名に過ぎない」と酷評した。英国のエコノミスト誌（The Economist）も現在の国連 PKO の問題を指摘した。エコノミスト誌は，国連安

第6章　武力行使型国連平和維持活動のケース　◎—— 119

保理はより強健な兵を国連 PKO に配置すべきと主張した。しかし同時にそのような軍隊（NATO に所属している国の軍隊など）は，イラクやアフガニスタンの「テロ戦争」にすでに配置されており，そのような軍隊が MONUC のような国連 PKO に供給される余裕がないことをエコノミスト誌は分析した[33]。

　結局のところ MONUC は，散発的にのみその任務を遂行できたといえる。実際にそのマンデートの1つである市民保護に関しては，2003 年以来国内避難民の数が減少しているという事実から見ると部分的には成果を上げているといえる。しかし一方で，とりわけ南北キブ州において 2006 年の国民議会選挙以来治安状況はひどく悪化していた。MONUC のマンデートが抱えるジレンマの1つに，MONUC はコンゴの市民保護しながらもその市民を攻撃する「悪名高い国軍（FARDC）」の援助をしなければならなかったことがあげられる。2009 年初旬には FARDC は，外国武装集団などに対して2度の軍事作戦を行っている。この2つの軍事作戦である Operation *Umoja Wetu* および Operation *Kamia II* では，南北キブ州において FARDC および反乱軍による一般市民に対する反人道行為が見られた。人権擁護団体ヒューマン・ライツ・ウォッチ（Human Rights Watch）によると，2009 年1月から9月の間に FARDC によって反政府市民と思われる 1,400 名もの一般人が殺害された。MONUC は，Operation *Umoja Wetu* では FARDC の援助はしなかったものの，MONUC の指導者たちは，もし MONUC が Operation *Umoja Wetu* に参加していたらコンゴの一般市民の多くを保護できたであろうと回顧している。

　2009 年6月に発表された MONUC に関する国連事務総長の報告によると，コンゴの国軍である FARDC やコンゴの国家警察は，独断的な処刑，レイプ，不正な逮捕，監禁，拷問といった深刻な反人道的な犯罪行為を行っていた。MONUC は，市民保護が一番必要である地域に FARDC の駐留を支持する一方，MONUC は北部キブ州において，半年のうちに 64 回もの市民に対する攻撃を自ら加えたという不名誉な記録も国連事務総長の報告書に残されている[34]。このことは，平和執行部隊や「強化された PKO」において，その国連兵士は新たな武装集団になりかねないことを例示している。

6 - 3 MONUSCO（国連コンゴ民主共和国安定化ミッション）とForce Intervention Brigade（介入旅団：FIB）

　コンゴ民主共和国政府は，2006年7月の国民議会選挙に続き，2010年10月には大統領選挙を実施した。このような一連の民主化の流れを受け，2010年5月国連安保理は決議1925（2010）を採択し，同年7月1日よりコンゴの国連PKOをMONUC（国連コンゴ民主共和国ミッション）からMONUSCO（国連コンゴ民主共和国安定化ミッション）に変更した。MONUSCOの任務は，MONUCと同様に「国連憲章7章に基づき派遣地域において，迫りくる肉体的な暴力の脅威から市民を保護するためにはいかなる手段も取り得る」という平和執行部隊の様相も含んでいるが，MONUCとは異なり，新たに「政府の能力向上」も任務に掲げられた。MONUSCOという言葉のなかに含まれた「安定化」とは「人権の保護・促進，そして信頼できる選挙プロセスを含む民主的実践の強化を通じた安定化」を意味した。また民主国家として，紛争状態においても治安制度や法制度を整備し，国家がそのような制度に対して説明責任を負う国家制度を構築することがMONUSCO設立の目的とされた[35]。派遣規模は，最大で軍事部隊要員19,815名，軍事監視要員760名，警察要員391名，警察部隊要員1,050名とされた。

　MONUSCOの任務のなかでも最優先となるものはやはりコンゴ市民の保護であった。しかしこのMONUSCOの市民保護もMONUC時と比較して飛躍的に改善されたとはいい難い。たとえば，MONUSCOが設立した直後の2010年7月30日から8月2日にかけて東部の北部キブ州のワリカレ（Walikale）地域に置いて組織的な集団レイプ事件が発生し，少なくとも303名の市民が性的な虐待を受けた。しかもこの事件はMONUSCOの基地からわずか30キロしか離れていなかったにもかかわらず，MONUSCOはこのレイプ事件を事前に防ぐことも，また事件を阻止することもできなかったのである[36]。

　2012年11月ルワンダのツチ族系の反政府武装勢力である「M23」は残虐な

手段によって北部キブ州の州都であるゴマ（Goma）を占領した。MONUSCO
は，このM23の攻撃を阻止するための効果的な手段をとることができず批判
の対象となった。2013年2月24日「コンゴ民主共和国とその周辺国家との平
和・安全・協力機構（The Framework for Peace, Security and Cooperation for the DRC
and the Region）」がコンゴとその関係国家によって署名され，この問題の包括
的な改善への取り組みが地域レベルで模索された。この機構は，バン・キムー
ン（Ban Ki-moon）国連事務総長の参加の下，アフリカ連合（AU）の仲介で，エ
チオピアにおいて署名された。署名国はコンゴのほかにアンゴラ，ブルンジ，
中央アフリカ共和国，ルワンダ，南アフリカ共和国，南スーダン，タンザニ
ア，ウガンダ，そしてザンビアであった[37]。2013年3月18日この機構の流れ
をくみMONUSCOにおけるForce Intervention Brigade（FIB：介入旅団）の設
立が，国連安保理2098（2013）で採択された。その任務は，相手方を死に至ら
しめるような武力を行使してでも「あらゆる手段をとり」コンゴ内の武装集団
を無力にする（neutralize）ということであった。これはFIBが従来の国連ミッ
ションから完全に決別し，より通常戦争に近い戦闘行為を行うことを意味し
た[38]。3,067名の兵力から開始されたFIBは，タンザニアの大将の司令官の下
に3つの大隊，砲兵隊，特別部隊，偵察隊から構成された。FIBの3つの大隊
は，南部アフリカ開発共同体（SADC）の地域からタンザニア，南アフリカ共
和国，マラウィの3か国からそれぞれ兵が派遣された[39]。要約するとFIBは，
MONUSCOという国連PKOのなかの活動である一方，AU，SADC，さらに
大湖地域国際会議（ICGLR）という複数から成る地域組織間で「コンゴにいか
に持続可能な平和をもたらすか」という課題について討論した結果の産物であ
ることがわかる[40]。

　「戦闘型ミッション」としてのFIBの設立は国連PKOの歴史のなかでユ
ニークなものであった。その一方，本章で述べているようにコンゴにおいて
は，1960年代のONUCにおけるカタンガ州での武力行使，また2004年から
2006年までのイトゥリ州と南部キブ州での武力行使といったようにFIBの作
戦に近い活動を国連は前例として実施してきた。

　実際にFIBは，コンゴの東部地域の安定化に貢献を果たした。FIBの最初

の取り組みは，M23 に対する戦闘であった。2013 年 1 月から 11 月の間に FIB は，FARDC と共に大砲，空爆，狙撃などによる攻撃を M23 に対して実施した。そしてこの攻撃は，FIB・FARDC 側の勝利をもたらした。FARDC も FIB から軍備，後方支援，食料にわたるさまざまな支援を受け，よく訓練をされ統制のとれた軍隊となったことが勝利の要因といえる [41]。その結果 FARDC は 2012 年 M23 に制圧された北部キブ州を奪還することができた。その地域とは Kiwanja, Rutshuru, Bunagana, Mbuzi, Chanzou, Runyoni であり，これらの地域では公共サービスが回復した。M23 の反乱は終息を迎え，2013 年 11 月 5 日コンゴ政府は M23 の敗北を宣言した [42]。その 2 日後の 11 月 7 日にはウガンダ政府高官が，M23 の軍事司令官のスルタニ・マケンガ（Sultani Makenga）を含むおよそ 1,500 名の M23 の戦闘員がウガンダ国境に入り降伏したと伝えた。マケンガはその後コンゴ当局から戦争犯罪人として告発された [43]。2014 年 1 月 16 日から 31 日国連内で実施された共同戦略調査および軍事能力に関する研究会において，FIB 導入によるコンゴでの軍事作戦は「新たな勢い（new momentum）」と認識された [44]。

　FIB と RARDC による共同の軍事作戦は，民主同盟軍（ADF）に対しても実施された。ADF はコンゴ国内に駐留するイスラム系ウガンダ国籍の反政府軍である。ADF は，北部キブ州のベニ（Beni）において過去 10 年において最も激しい暴動と一連の虐殺を繰り広げてきたといわれている [45]。約 6 か月間に及ぶ FIB と FARDC との戦闘行為により，ADF の軍事基地はほぼ壊滅状態になった。その数か月後には，FIB は主にフンデ族で構成されている愛国者同盟（APCLS）に対しても空爆を実施し FARDC を支援した。その後 APCLS による反人道的犯罪行為は報告されていない。

　このような FIB の特筆すべき貢献がある一方で，FIB に関する懸念材料もまた見いだされた。その懸念材料としてのまず第 1 点目として，FIB はほかの MONUSCO の通常の平和維持軍と異なり，FARDC とともに反政府武装勢力と戦闘を実施し，それゆえ FIB 自らが武装集団の 1 つと認識されていたことがあげられる。ここで問題となるのは，コンゴ内の多くの反政府武装集団は FIB と MONUSCO の通常の平和維持隊との間で区別がつかなかったというこ

第6章　武力行使型国連平和維持活動のケース　◎── 123

とである。この問題は，活動面と法的な面という 2 つの局面から考えられた。
活動面においては，MONUSCO の通常の平和維持隊は FIB と比較すると遥か
に軽武装であるために，反政府武装勢力から FIB 兵士と勘違いして攻撃を受
けた場合安全上のリスクを伴うということである。法的な面での問題とは FIB
を含む MONUSCO は今や中立性を失ってしまったために，国際人権法
（International Humanitarian Law），国際連合要員および関連要員の安全に関する
条約（the Convention on the Safety of United Nations and Associated Personnel：SOFA），
国際刑事裁判所ローマ規程（the Rome Statue of the International Criminal Court）な
どの国際法の枠組みによる保護をも失いかねないということである[46]。

　同様に，FIB は MONUSCO のみならず，国連機関によって実施されている
活動の 1 つであることも認識されなければならない。いい換えると FIB は，
ほかの多くの伝統的な国連 PKO のみならず，国連開発計画（UNDP）や国連難
民高等弁務官事務所（UNHCR）のような国連機関と同じように国連の枠組みの
なかで活動に従事しなければならない。つまりもし FIB がコンゴのある者た
ちに対して敵意のある挑発的な行動を行った場合，それに関する怒りというも
のは FIB のみならずコンゴ内のほかの国連機関にも向けられる可能性がある。
このことはとりわけコンゴ国内の複数の武装勢力間の調停交渉を行っている国
連の統治能力に影響を与える。この懸念は，国連機関のみならず現地の NGO
や人道援助団体にも共有されている。「人々が白い 4WD の車を見た場合，
人々はそれが NGO のものか国連のものか FIB のものか区別がつかない。言い
かれれば私達さえもが軍事的な攻撃の標的となりうる」と訴える者もいた[47]。

　上述したように FIB は FARDC とともに「いくつかの」武装集団を鎮圧す
ることができたが，多くの反政府武装集団は依然コンゴ内にとどまり，地域の
安全を混乱させ，「コンゴ民主共和国とその周辺国家との平和・安全・協力機
構」にダメージを与え続けていた。実際に一時弱体化された ADF は勢力を盛
り返し，多くの無実の一般市民に被害を与え続けた。2014 年 10 月からの 2 ヶ
月間の間に ADF の攻撃により 250 人以上の市民が犠牲になった[48]。この犠牲
者 の 数 は 2015 年 6 月 に は 347 名 に 増 加 し た。2015 年 5 月 5 日 に は，
MONUSCO 兵士が，Oicha と Eringeti 間をパトロールしている最中に奇襲攻

撃を受け2名のタンザニアの兵士が殺害された。一方で，ルワンダ解放民主軍（FDLR）もまた一般市民に対して反人層的な虐待を続けていた。北部キブ州ではFARDCとFIBによる軍事作戦 "Operation *Sukoda II*" により，FDLRの162名の兵士が捕えられ，62名が投降し，13名が殺害された。FIBとFARDCのこのような成果にもかかわらずFDLRの指揮・統制能力は弱体化することはなかった[49]。FDLR兵士のなかには，国連主導の武装解除・動員解除・社会復帰（disarmament, demobilization, repatriation and rehabilitation：DDRR）のプログラムに参加した者もいた。しかしFDLR兵士の多くはそのプログラムに応ずることなくこのDDRRのプログラムも大きな効果を果たすことはなかった。さらにFIBは，M23の掃討作戦で見せたような攻撃をFDLRに向けなかったことに対して批判を受けることとなった。このようにFIBの公平性の面で疑問を呈する結果となった。結局「FIBは，その設立後の約1年間の間に大きな成果を上げることはなかった」と一部の報道機関から評されることにもなった[50]。

　総括するとFIBは，短期間の間に，限られた地域において，特定の武装集団を無力化するという限られた任務においては役割を果たしたといえる一方で，コンゴの持続可能な平和に貢献したとはいい難い。実際には，その設立の初期段階においてFIBはその地域に弾み（momentum）をつけるような新たな状況を創造したといわれた。しかし2014年9月25日パン国連事務総長は，コンゴ東部の状況は微々たるものであると懸念している。いまだ多くの武装戦闘員が自分たちの利益のために国内の多くの市民に危害を与え続けているのである[51]。

　さらにコンゴにおけるより複雑化し不安定な治安状況は，コンゴの市民の間で「反MONUSCO」や「反FIB」の感情を植え付けることとなった。このような敵意ある感情は2014年10月22日，29日，および11月11日にベニン地域においてMONUSCOに対する反対デモや攻撃となって発展した[52]。コンゴ市民のMONUSCOに対する不信感は，彼らの生活を悪化させその生命さえも脅かす結果に至らしめたMONUSOの非効果的な活動に起因する。たとえば2014年10月Rutshuru地域においてMONUSCOの支援を受けたFARDCは，

民兵組織マイマイ（Mayi-Mayi）に対して軍事作戦を決行した。そして FARDC とマイマイとの間での戦闘により 200 世帯のコンゴ市民が避難民となった。同年 12 月 8 日には，暴徒化した市民が投石し MONUSCO のヘリコプターが着陸できない事態になった[53]。

　2015 年になるとコンゴ内の人道上の問題がさらに悪化した。2015 年時点でのコンゴの国内避難民は，その 4 半期だけでも約 33 万人増加し累計 280 万人に達した。この国内避難民の増加は 2015 年 2 月下旬から開始された FARDC による FDLR への掃討作戦の結果によるものが大きい。いい換えれば MONUSCO よって支援されたコンゴの国軍である FARDC が人道上の問題を悪化させたということである[54]。このことが，市民の間での「反 MONUSCO 感情」を悪化させ，「MONUSCO は民兵組織に対して十分な対応ができていない」という認識を高めた。

6 - 4　武力行使型 PKO を成功させるには
　　　　　―コンゴのケースを教訓にして

　コンゴでの国連 PKO の歴史を振り返ると「平和執行」「強化された PKO」「軍事作戦」といったようないわゆる「武力行使型の PKO」が継続的に採用されている。とりわけ 1960 年代の ONUC，MONUC では 2005 年から 2006 年にかけてのイトゥリ州や南部キブ州における活動，MONUSCO では 2013 年以降の FIB が典型的な武力行使の戦闘型の PKO といえる。しかしこれらの武力行使型の PKO は局地的な作戦では効果があったものの永続的な効果をもたらすことができなかった。そこでここではコンゴのケースをいわゆる「反面教師的な」例としてあげ，武力行使型 PKO を成功させるための要因を考えていく。

6 - 4 - 1　一貫した安保理マンデートと戦略（組織的な要因として）

　コンゴにおける歴史的な平和ミッションにおいて，暴動を鎮圧したり，標的とした民兵組織を無力化したりすることに関してはある一定の成功を収めた。1960 年代 ONUC ではカタンガ州の傭兵部隊を終息させ，2003 年には

IEMF がブニアの民兵組織の排除に成功を収め，2005 年と 2006 年には南北キブ州では MONUSCO が FNI や FDLR から市民を武力を持って保護をし，2013 年には MONUSCO の FIB がゴマの M23 の征服に成功を果たした。しかしそのような活動は，一時的な期間の下で限られた地域においてある一定の前向きな結果のみを生み出す傾向にすぎなかった。つまりコンゴ全体に安定と持続可能な平和をもたらすことができなかった。市民保護の任務も限られていた。

　歴史的に見てもコンゴのすべての国連 PKO には，一貫した任務（mandate）や長期的な戦略が欠落していた。いい換えると ONUC にせよ MONUC にせよ MONUSCO にせよ初期の段階では国連憲章 6 章による強健でない任務か，あるいは国連憲章 7 章に基づいても表面だけの伝統的なミッションであった。（ONUC では最後まで国連憲章 7 章に基づく活動にはならなかった）その後コンゴの現地の安全状況の悪化に伴い，ニューヨークの国連本部そして安保理が強化された任務を伴った「平和執行」や「強化された PKO」を設立していったのである。そして *Rumpunch, Morthor, Grandslam*（以上 ONUC），*Artemis, Safe Path*（以上 MONUC），*Skoda*（MONUSCO）といった軍事作戦を国連は決行していった。すべてのミッションは効果的であったにもかかわらず，目標とした武装勢力グループや民兵組織を終息させることができずに任務は終了してしまった。その武装グループは生き残り，より強化した形で再び現れ，人権や人道上の問題が悪化していった。コンゴのケースでは短期的な戦術を重要視するあまりに平和執行に関する長期的な戦略を過小評価した結果，コンゴに持続可能な安定をもたらすことができなかったのであった。

6−4−2　セキュリティージレンマ（Security Dilemma）からの脱却
（国内の要因として）

　平和執行や強化された PKO といったような武力行使型 PKO の効果を高める別の要素としていわゆる「セキュリティー・ジレンマ」を克服することがあげられる。セキュリティー・ジレンマとは，ある国家や武装集団が軍事力の強化のようなセキュリティー（安全保障）の度合いを高めることにより，その敵

第6章　武力行使型国連平和維持活動のケース　◎── 127

対する国家や武装集団がそれに釣り合うように同様に軍事力を高め，その結果，双方が望んでいないような紛争状況をつくり出す緊張感を高めてしまう状況をいう。国際平和活動の環境においては，国連のような第3者の介入が，セキュリティー・ジレンマの影響力を与えるような紛争当事者から多大な困難を受けることがある。コンゴはまさにセキュリティー・ジレンマの負の影響を受けている国家である。コンゴではこのセキュリティー・ジレンマが加速するさまざまな理由が考えられる。

まず第1に考えられるのは，コンゴ内の多くの武装勢力や民兵組織の存在である。コンゴには実に40もの武装組織がありお互いが敵対関係にある。コンゴ東部のキブ州だけでも20もの武装組織が存在している。そのほとんどは豊富な軍事装備があるものの，組織として統制がとれておらず，コンゴ政府が彼らに民兵活動以外の生計手段を提供することができない[55]。そしてこのようなコンゴの武装集団は，さらに細分化され分裂する傾向にある。軍事的な分裂傾向や相互の不信感の増大は，セキュリティー・ジレンマの傾向を一層強めることになる。コンゴの武装集団の分裂傾向は，隣国から逃れてきた外国籍の反政府武装集団の存在によるところが大きい。たとえば，FDLRはルワンダからであり，LRAとADFはウガンダからであり，FNIはブルンジからの武装組織である。それゆえこのような外国からの反乱軍のコンゴ国内の駐留は，隣国の政府軍のコンゴへの介入の正当的な理由や動機付けとなるのである。

コンゴでのセキュリティー・ジレンマが加速する第2の理由としては，国内の豊富な天然資源の存在があげられる。コンゴは，ダイヤモンド，金，コルタン，ウラニウム，スズ，銅，コバルト，石油などの天然資源の宝庫である。コンゴでは，反乱勢力の最大の存在理由は国内の天然資源を採掘することにより商業的な利益を引き出すことである。実際にコンゴ東部の天然資源の採掘権の統制は，独立した武装勢力から国軍であるFARDCへと移行してきている。しかし現実には，天然資源に代わる収入源がコンゴ国内経済には見当たらないために，天然資源そしてその採掘のための領土を争奪する残酷なまでの紛争が絶えない[56]。さらに欧米の関連企業がコンゴの武装組織に軍資金を提供する見返りに，コンゴ東部の天然資源採掘の交渉権を得る動向がある。コンゴ内の

規制されていない天然資源の採掘活動が国内の平和に多大な悪影響を与えており[57]，結果的にセキュリティー・ジレンマが加速しているのである。

　コンゴでは違法な天然資源貿易や課税徴収に従事するFARDCの悪名高い軍事司令官が逮捕されず不起訴の状況にある。これは彼らが元軍閥のリーダーでありその後FARDCへの融合を受入れたために，同政府が強固な態度を取れないという事情がある[58]。

　コンゴにおいてセキュリティー・ジレンマが加速する第3の理由として，紛争当事者が紛争を終わらせる意思が欠落しているという事実がある。いい換えれば武装グループのなかにはコンゴ国内において自らの生き残りのために敢えて紛争状況を持続させ，紛争を長引かせたいと考えるものが多く存在するという事である。たとえば，FDLRにとってコンゴの内紛は自らのコンゴ東部における存在目的となっている。いまやFDLRの軍事能力は以前より衰退し，ルワンダを制圧するほどの能力は持ち合わせていないために，FDLRはコンゴ内に「寄生するかのように」とどまっている方が賢明であり，そのためにはコンゴ内の紛争の存続が不可欠なのである[59]。

　このようにコンゴ東部の状況は，セキュリティー・ジレンマから脱却できない要因が多数存在している。このような状況下において，国連の平和維持軍やFIBのような正当性を有する第3者の集団が介入しても，彼らは単に紛争の新たなる1集団として加えられるにすぎなくなってしまうのである。

6−4−3　国際社会の政治的意思の存在（対外的な要因として）

　武力行使型PKOや平和執行という強化された活動がその効果を高める要因として，国際社会からの強い政治的コミットメント，いわゆる政治的な意思の存在があげられる。しかしながらこの武力行使型PKOを長らく継続してきたコンゴにおいて国際社会から強い政治的な意思を享受してきたとはいい難い。

　確かに本書を執筆している現在MONUSCOは，財政面においても兵力面においても国連PKOのなかでも最大のミッションであるといえる（図表6−1参照）。

　しかしながらMONUSCOの兵力は，その国土面積を考慮すれば決して強大

第 6 章　武力行使型国連平和維持活動のケース　◎── 129

図表 6 − 1　現在展開中の国連 PKO とその予算および総軍事要員
（2015 年 7 月～ 2016 年 6 月）

国連 PKO	MINURSO	MINUSCA	MINUSTAH	MONUSCO	UNAMID
国（地域）	西サハラ	中央アフリカ	ハイチ	コンゴ	ダルフール
予算（USD）	53,190,000	814,066,800	380,355,700	1,332,178,600	1,102,164,700
総軍事要員	232	11,846	4,899	18,637	17,402

UNPKO	UNDOF	UNFICYP	UNIFIL	UNISFA	UNMIK
国（地域）	ゴラン高原	キプロス	レバノン	アビエ	コソボ
予算（USD）	51,706,200	52,538,500	506,356,400	268,256,700	40,031,000
総軍事要員	813	1,063	10,598	4,542	16

UNPKO	UNMIL	UNMISS	UNOCI	MINUSMA
国（地域）	リベリア	南スーダン	コートジボワール	マ　リ
予算（USD）	344,712,200	1,085,769,200	402,794,300	923,305,800
総軍事要員	3,745	13,490	5,347	11,948

出典：Department of Peacekeeping Operations, the United Nations.

とはいえない。コンゴの国土面積は，2,370,000 平方キロメートルであり，これは西ヨーロッパ全体の面積にも匹敵する。それでいて MONUC や MONUSCO の軍事要員は常に 20,000 名以下であった。これは国土面積がわずか 50,000 平方キロメートルしかないボスニア・ヘルツェゴビナに介入した北大西洋条約機構（NATO）主導の IFOR（1995 − 96）の軍事要員が 60,000 名であることを考慮すると MONUSCO が如何に小規模であるかがわかる。同様にカンボジア（国土面積 181,000 平方キロメートル）に展開した UNTAC（1992 − 93）の軍事要員も MONUSCO のそれと同様に約 20,000 名であったこと，あるいは国土面積がわずか 15,000 平方キロメートルの東ティモールに展開した UNTAET（1999 − 2002）の軍事要員も約 10,000 名であった。上記の成功例としての平和活動とその軍事要員数と比較して，MONUC や MONUSCO は幅広い国際社会

からのコミットメントや政治的意思を得ていたとはいい難い。実際には，毎年国連PKO全体の兵力が100,000位である事実を考慮すると，単独の国連PKOに20,000を超える兵力を提供するのは現実的ではない。しかし不十分な兵力のままで国連PKOを展開し続けることは，単に不十分な成果をもたらすだけにすぎない。

　一方，1998年からの第2次コンゴ戦争以降さまざまな平和条約や協定が締結されてきた。しかしコンゴ紛争の研究者である米川正子氏によるとこのようなコンゴの平和協定は，平和創造（peace-making）の価値を過小評価しているがために現実的な協定になっていないということである。たとえば2002年のプレトリア協定は，第2次コンゴ戦争を終結させるためにルワンダとコンゴとの間で締結された協定である。この協定によりコンゴ内のFDLRの武装解除とルワンダへの帰還を条件としてコンゴ内の20,000名のルワンダ兵士を撤退させることに同意した。しかしFDLRの短期間でのルワンダへの帰還は非現実的である。なぜならFDLRは1994年から長期間コンゴに駐留しており，その間天然資源のビジネスに従事しているものやコンゴ人との結婚した者も多いからである。それゆえ国際社会は，FDLRのコンゴ内の事情を考慮することよりも平和協定の締結そのものを優先してしまっているのである[60]。実際にプレトリア協定は，締結後わずか5日間で崩壊してしまった。米川氏によるコンゴにおける国際社会の平和創造への過小評価は，コンゴ内の司法や人権侵害に関する国際社会の消極的な対応においても認識される。実際に上記にあげた平和協定で，コンゴ内に真実和解委員会の設置に関する決議が採択されているが，この真実和解委員会は一向に設立される見通しがない[61]。

6-5　コンゴの武力行使型国連PKOを振り返って

　国連安保理決議2211（2015）において安全保障理事会は，FIBを含めたMONUSCOの撤退，いわゆる「出口戦略」を奨励した。この決議2211（2015）を受けてパン・ギムーン国連事務総長もまたコンゴの治安統治の責任をMONUSCOからコンゴ政府に移譲し，MONUSCOの出口戦略を進めるべく同

政府との対話を開始する意思を表明した[62]。ベトナム戦争の終結を回想させるような「コンゴ紛争解決のコンゴ化」を目指しているともいえる。コンゴにおける武力行使型の国連 PKO は，1993年のソマリアでの PKO（UNOSOM）や1994年のルワンダでの PKO（UNAMIR）の悲惨な終結（任務を遂行できずに撤退）の再来になる可能性も否定できない。しかしソマリアやルワンダのケースとは異なり，（さらに良くないこととして）国連はコンゴに長期にわたり，かつ強健なマンデートを擁して PKO を派遣し続けてきた。これは1999年からともいえるが（MONUC），考えによっては1960年からともいえる（ONUC）。

　コンゴは，国連 PKO 受入の長い歴史を持つ。そしてそのすべてのミッション（ONUC，MONUC，MONUSCO）に平和執行部隊や戦闘的活動さえも含んだ安保理の任務を有している非常に稀なケースである。本章は，その強化された任務において展開された（コードネームを伴った）具体的な軍事作戦とその内容も詳細に明記した。

　本章を振り返り，国連 PKO は中長期的な戦略を過小評価し，短期的な戦術に目を向けがちであると結論付けよう。たしかに短期的な戦術を重視し長期的な計画性が欠落する，いわゆる「国連 PKO の即興性」というものは，ハマショールド時代から受け継がれた国連 PKO の伝統的な原則の1つである。しかしコンゴにおける国連ミッションは，長期的な視野を重視しない「半世紀にわたる国連憲章6章と7章の活動の繰り返しの歴史」であった。そして活動における一貫性の欠如により，コンゴの国内のそして海外からの武装組織は生き延びている。それがコンゴの市民保護の任務をさらに困難にせしめているのである。コンゴの国連ミッションにおける「平和維持と平和執行の混同」や限られた地域での散発的な軍事作戦は，国連ミッションにとっては効果的なものではなく適切なものでもなかったといえる。

　一貫した任務と戦略の重要性に加え，コンゴのケースではセキュリティー・ジレンマからの脱却や国際社会からの強い政治的意思が強化された国連ミッションでは必要であることが認識された。コンゴにあるような数え切れないほどの多数の交戦集団がお互いに敵意を露わにしている状況で，平和を執行することは不可能に近い。また設立から要員の配置までの迅速性の欠如や加盟国の

兵士派遣の拒絶に近い消極性も明らかとなった。国連 PKO の任務が強健であればあるほど，迅速な配置や展開そしてより積極的な国際社会からの理解が必要であろう。しかしそのようなことがコンゴのケースには見られなかったのである。

【注】

1 ）*The Washington Post,* "In volatile Congo, a new U.N. force with teeth", 2 November 2013

2 ）Durch W. J. "The UN Operation in the Congo : 1960-1964", in Durch W. J. (ed.) *The Evolution of UN Peacekeeping* (New York : St. Martin's Press, 1993), p. 318

3 ）The United Nations *The Blue Helmets: A Review of United Nations Peace-keeping* (New York : The United Nations, 1990), p. 226

4 ）Jane Boulden *Peace Enforcement: The United Nations Experience in Congo, Somalia, and Bosnia* (Westport : Prager, 2001), p. 32

5 ）Ibid.

6 ）UN Document S/5002, Resolution 169 (1961), 24 November 1961

7 ）Sitkowski *A. Peacekeeping: Myth and Reality* (Westport : Praeger, 2006), p. 71

8 ）Ibid. p. 72

9 ）The United Nations *The Blue Helmets: A Review of United Nations Peace-keeping,* p. 251

10）Durch W. J. "The UN Operation in the Congo : 1960-1964" in Durch W. J. (ed.) *The Evolution of UN Peacekeeping* (New York : St. Martin's Press, 1993) , pp. 346-348

11）Adebajo A. *UN Peacekeeping in Africa: From the Suez Crisis to the Sudan Conflicts* (Boulder : Lynne Rienner, 2011) , p. 70

12）Eriksen S. S. "The Liberal Peace is Neither : Peacebuilding, Statebuilding and the Reproduction of Conflict in the Democratic Republic of Congo", *International Peacekeeping,* Vol. 16, No. 5, November 2009, pp. 654-655

13）Tull D. M. "Peacekeeping in the Democratic Republic of Congo : Waging Peace and Fighting War ", *International Peacekeeping,* Vol. 16, No. 2, April 2009, p. 216

14）UN Document S/RES/1279 (1999), 30 November 1999

15）UN Document S/RES/1291 (2000), 24 February 2000

16）Holt V. K. and Berkman T. C. "The Impossible Mandate? Military Preparedness, The

第 6 章　武力行使型国連平和維持活動のケース　◎── 133

Responsibility to Protect, and Modern Peace Operations", The Henry L. Stimson Center, September 2006, p. 168

17) Mansson K. "Use of Force and Civilian Protection : Peace Operation in the Congo", *International Peacekeeping*, Vol. 12, No. 4, Winter 2005, p. 508

18) NPO 法人世界連邦 21 世紀フォーラム HP より。
http://www.wfmjapan.com/action/2006/03/17132755.php.

19) UN Document S/2003/566 *Second Special Report of the Secretary-General on the United Nations Organization Mission in the Democratic Republic of Congo*, 23 may 2003, paras. 9-16

20) International Crisis Group (ICG), "Congo Crisis : Military Intervention in Ituri", ICG Africa Report No. 64, 13 June 2003, p. 12

21) Tull D. M. p. 217

22) Morsut K. "Effective Multilateralism? EU-UN Cooperation in the DRC, 2003-2006", *International Peacekeeping*, Vol. 16, No. 2, April 2009, p. 263

23) Reynaert J. "MONUC/MONURSCO and Civilian Protection in the Kivus" Interns & Volunteers Series, The Institute for Political and International Studies (IPIS), 2010, p. 15

24) Mansson K. p. 511, Morsut C. p. 264, and Medecins Sans Frontiers Report, "Ituri : Unkept Promises? A Pretense of Protection and Inadequate Assistance", 25 July 2003

25) 武内進一「コンゴ民主共和国における紛争解決の難航」川端正久，武内進一，落合雄彦（編）『紛争解決・アフリカの経験と展望』ミネルヴァ書房 2010 年 p. 46

26) Reynaert J.p. 16

27) Eriksen S. S. p. 657

28) UN Document S/RES/1565 (2004), 1 October 2004

29) Cammaert P. "Ongoing Un Operations and New Challenges in Peacekeeping", p. 51. http://.bmlv.gv.at/pdf/publikakitonen/19_pkf_cammaert.pdf. assessed on 21 March 2010

30) UN Document S/2005/167, *Seventeenth Report of the Secretary-General on the United Nations Organization Mission in the Democratic Republic of the Congo*, 15 March 3005, para. 19

31) Holt V. K. and Berkman T. C. "The Impossible Mandate? Military Preparedness, The Responsibility to Protect, and Modern Peace Operations", The Henry L. Stimson Center, September 2006, p. 166

32) Terrie J. "The Use of Force in UN Peacekeeping : the Experience of MONUC", paper to be presented to the AFSAAP Conference 2008, p. 7

33) *The Economist,* 1 November 2008, p. 20

34) UN Document S/2009/335, *Twenty-eight Report of the Secretary-General on the United Nations Organization Mission in the Democratic Republic of the Congo,* 30 June 2009, paras. 26-38

35) 外務省資料「国連コンゴ民主共和国安定化ミッション」http://www.mofa.go.jp/mofaj/files/000060701.pdf

36) Reynaert J. p. 20

37) Gberie L. "Intervention Brigade : End Game in the Congo? : UN peacekeeping task enters a new phase", *African Renewal,* August 2013. http://www.un.org/africarenewal/magazine/august-2013. Accessed on 24 March 2016.

38) Scott Sheeran and Stephanie Case "The Intervention Brigade : Legal Issues for the UN in the Democratic Republic of the Congo", International Peace Institute, November 2014

39) Gberie L. Ibid.

40) Mutisi M. "Redefining Peacekeeping : The Force Intervention Brigade in the Democratic of Congo", Kujenga Amani, The Social Science Research Council, 26 July 2015. http://forums.ssrc.org/kujenga-amani/2015/07/26/. Accessed on 24 March 2016

41) Vogel C. "DRC : Assessing the performance of MONUSCO's Force Intervention Brigade", *African Argument,* 14 July 2014. http://africanargument.org/2014/07/14 Accessed on 24 March 2016

42) BBC News, 5 November 2013. http://www.bbc.com/news/world-africa-20438531. Accessed on 2 April 2016

43) UN Document S/2013/773 *Report of the Secretary-General on the Implementation of the Peace, Security and Cooperation Framework for the Democratic Republic of the Congo and the Region,* 23 December 2013, para. 8

44) UN Document S/2014/157 *Report of the Secretary-General on the United Nations Organization Stabilization Mission in the Democratic Republic of the Congo,* 5 March 2014, para. 41

45) Stearn J. K. and Vogel C. "The Landscape of Armed Groups in Eastern Dongo", Congo Research Group, a publication by the Center on International Cooperation, New York University, December 2015, p. 5

46) Sheeran S. and Case S. "The Intervention Brigade : Legal Issues for the UN in the Democratic Republic of the Congo", p. 1

47) *The Washington Post,* "In volatile Congo, a new U.N. force with teeth", 2 November 2013

第 6 章　武力行使型国連平和維持活動のケース　◎── 135

48）UN Document S/2014/957 *Report of the Secretary-General on the United Nations Stabilization Mission in the Democratic Republic of the Congo submitted pursuant to paragraph 39 of Security Council Resolution 2147 (2014)*, 30 December 2014, para. 17

49）Ibid. para. 13

50）Institute for Security Studies, "Is the Force Intervention Brigade neutral?", *ISS Today*, 27 November 2014

51）UN Document S/2014/698 *Report of the Security-General on the United Nations Organization Stabilization Mission in the Democratic Republic of the Congo*, 25 September 2014, paras. 89-90

52）UN Document S/2014/956 *Report of the Secretary-General on the United Nations Organization Stabilization Mission in the Democratic Republic of the Congo*, 30 December 2014, para. 34

53）Ibid.

54）UN Document S/2015/486 *Report of the Secretary-General on the United Nations Organization Stabilization Mission in the Democratic Republic of the Congo*, 26 June 2015, para. 22

55）Stearns J. K. and Vogel C. "The Landscape of Armed Groups in the Eastern Congo", Congo Research Group, a publication by the Center on International Cooperation, New York University, December 2015, p. 7

56）Burrnley C. "Natural Resources Conflict in the Democratic Republic of the Congo：A Question of Governance?" *Sustainable Development Law & Policy*, Vol. 12, Issue 1

57）Ahere J. "The Peace Process in the DRC：A transformation Quagmire", *Policy & Practice Brief*, Issue 20, December 2012, p. 4

58）De Koning R. "Controlling Conflict Resources in the Democratic Republic of the Congo", *SIPRI Policy Paper*, July 2010, p. 5

59）Takeuchi S. "The Difficulties in Conflict Resolutions in the DRC (in Japanese)", in Ochiai S. (eds.) *Conflict Resolutions: African Experiences and Perspectives* (in Japanese), (Tokyo：Minerva Shobo, 2010), p. 53

60）Yonekawa M. "Congo：the Worst Conflict in the World (in Japanese)" (Tokyo：Soseisha, 2010), p. 188

61）Ibid.

62）UN Document S/RES/2211 (2015), 26 March 2015, paras. 39-40

第7章

国連平和維持活動と貢献国との現在の課題
―欧州諸国の「国連 PKO 離れ」の問題―

7 − 1　貢献国の「貢献する根拠」

　国連 PKO は，国連加盟国による要員（軍人，文民）の派遣によって成り立っている。貢献国側にとって見ると PKO 派遣は，純粋な利他主義のみに基づくのではなく，1 つの国家政策としてとらえられている。派遣側から見た PKO の理論を考えた場合，次の 2 点に留意すべきであろう。

　まず第 1 点目として，国連 PKO は国連の全加盟国に対してさまざまな方法で，PKO 派遣を依頼する機会を均等に与えているということである。つまり国連全加盟国は，自らが望むのであれば，進んで自由に PKO に兵士や文民警察官などを派遣することができる。国連 PKO に参加する際には，基本的にはその経費は国連が負担するので，経済的に豊かな先進国のみならず発展途上国にも参加の門戸を広げている。一方で NATO や AU などの地域機構の平和活動への参加の経費に関しては自国負担であることが多い。また国のイデオロギーや政体に関係なく国連 PKO には参加が可能である。資本主義国家や社会主義国家は勿論，君主制の国家も共和制の国家も，さらには特定の国家元首が長年君臨している，いわば独裁国家でも参加は可能である。

　第 2 点目として，PKO 派遣の仲介者ともいえる国連は，貢献国の選択に対して強制的な態度はとらない。PKO 貢献国を選択するに際して，国連が中心的な役割を果たしているというのは大きな誤解である。国連が加盟国に命令し，加盟国が急いで承諾の回答をするという発想は，まったくもって現実離れをしている[1]。つまり PKO 派遣に対してまず興味を示すのは，国連ではなく

第 7 章　国連平和維持活動と貢献国との現在の課題　◎── 137

要員を派遣する貢献国側である。国連 PKO 派遣国の最終決定は，常に安全保障理事会であり，その理事会の決定後に正式な招待状が国連から貢献国政府に送られる。しかしそのような公式な招待状は，国連高官と PKO 参加を熱望する貢献国の政府代表との間の「非公式な」会談による相互理解のもとに行われている。

　いい換えれば，たとえ国連が熱心に PKO の派遣国を探しても，その派遣の条件が，派遣国になり得る国連加盟国の「条件」や「国益」に見合わなければ，国連の打診に対して消極的な回答をするのみである。たとえば，1993 年から 1995 年の間に展開した国連 PKO である第 2 次ソマリア活動（UNOSOM II）において，当時の国連事務総長が多数の国連加盟国にその派遣を要請したものの，当時多くの国連 PKO 兵士の犠牲者[2] を出していたこの UNOSOM II に対して積極的な回答をした加盟国は 1 国もなかったという。この例からも国連は加盟国に対して強制的な姿勢をとることができないことがわかる。近年国連では，PKO の軍事要員に対して特定の加盟国から構成される「PKO 待機軍」という常駐軍を設立する構想もあるが，貢献国が人員を派遣する PKO をその都度選択していく以上，この「PKO 待機軍」構想が実現することは難しい。

　このように PKO 派遣国を選定するにあたって国連による大きな特権を与えることは望ましくない。なぜなら PKO 派遣は，国連とその加盟国との間において深い信頼関係が結ばれて初めて成立するからである。この信頼関係を抜きにして満足のいく PKO 活動は生まれない。

　よって国連 PKO というのは，完全に派遣国の意思にゆだねられた「供給側市場」「売り手市場」であることがわかる。つまり国連 PKO を貢献国側から考えた場合，まず「貢献国はどうして国連 PKO に要員を派兵する動機付けを与えられるのか」つまり貢献国の「貢献する根拠」をまず理解しなければならない。この点，すなわち「国連加盟国がその PKO に要員を派遣する根拠」に関しては，政治的根拠，経済的根拠，安全保障上の根拠，制度的根拠，規範的根拠に分類され得る[3]。

7－1－1　政治的根拠（political rationales）

　この政治根拠というものは，国家がPKOが特定の政治的目的の達成を助長すると判断したらそのPKOに参加するということである。たとえば多くの国家が，PKOの活性化によって国連という国際機関が偉大な尊厳や威厳を持ち，国際社会により大きな発言権が得られるだろうと考える。確かに国家の国連PKOへの参加は，その同盟国，政治大国，国連事務総長や事務局から促されることがある。しかしその一方でPKOへの人的貢献は国家の名声を高め，それがたとえば国連安保理の非常任理事国としての選出や，安保理改革がされた場合の常任理事国入りのための大きな政治的アピールにもなるのである。

　また国連PKOは国内政治にもその参加要員を有する。一般的に，PKOが派遣されている国の国民は，自国がPKOを通しての国際平和への貢献に対して前向きなイメージを持つ。これは政府やメディア主催の世論調査の結果からも明らかである。この点においてカナダでは，1963年「PKOの生みの親」といわれているレスター・ピアソン（Lester Pearson）がその功績が認められてノーベル平和賞を受賞した際には，国民によるPKOに対する熱狂的な支持は最高潮に達した。カナダ政府与党においても一貫して前向きなPKO政策を維持することは，国民支持を持続する上でも重要なことであった。

7－1－2　経済的根拠（economic rationales）

　国連PKOを財政面から見た場合に特筆すべき点として，国連からPKO要員に対する手当ての支払いはその任務によってまったく平等に支払われるということがあげられる。すなわち派遣国で使用されている通貨の相対的価値やインフレ率などの国内経済状況や，派遣国軍隊のPKO活動で使用される軍備施設の品質や軍人の給与水準などは考慮されず，一律定額で米ドルで支払われる。それゆえ国連PKOへの参加は，とりわけ発展途上国や小国にとっては，大きな財政的な利益をもたらすこともあり得る。さらに活動の報酬として支給される手当ての通貨は米ドルであるために，PKOは貿易が盛んでない小国にとっては貴重な外貨収入源にもなる。

　また財政面に関してまったく異なった見方として，PKOは通常戦争や単独

第7章　国連平和維持活動と貢献国との現在の課題　◎── 139

の軍事介入と比較して低コストで済む活動である。そして国連 PKO の費用は，国連加盟国によって拠出される。よって大国は，紛争地域に対して単独で軍事介入を行うよりも国連 PKO の一員として参加することを好むことが多い。1990 年代初頭のロシアにおいてその傾向は顕著に見られ，当時のエリツイン大統領もロシアの国連 PKO の参加は自国の国際社会における名声を高めるのと同時にロシア側の財政的負担が小額で済むことを強調した[4]。

7－1－3　安全保障上の根拠（security rationales）

　国連 PKO は，偏った国家安全保障のために設立されることはないが，加盟国は自国の安全保障上の国益に見合うものと判断すれば自国の要員を国連 PKO に派遣する可能性が高まる。たとえば 20 世紀においては，1960 年代のコンゴや 1990 年代のソマリア，旧ユーゴスラビア，カンボジア，東ティモールのように，内乱により国内の政治的・社会的秩序が崩壊した場合，その近隣諸国の多くがその内乱を封じ込め，自国に影響を及ぼさないという目的のために，それぞれの国連 PKO（ONUC, UNOSOM, UNPROFOR, UNTAC, UNTAET）に参加した。また今世紀においても多くのアフリカの PKO にもその近隣諸国からの要員が派兵されているのはこのような理由からである。

　また政治的・軍事的大国が，より国際主義的な，あるいは地球規模の安全保障上の懸念を考慮して国連 PKO に派兵することも考えられる。欧州諸国の UNIFIL や MINUSMA への派兵は，それぞれ地政学上重要な中東地域の安全性や，国際テロリストが侵入した際の地域の安全維持への懸念が起因すると考えられる。

7－1－4　組織的根拠（institutional rationales）

　この組織的根拠とは国連 PKO が，それに参加した国内の軍事，警察，あるいは官僚組織の改善を図る上でとても有益に働くという考え方である。ここでは軍事組織について考える。

　近い将来戦闘行為に関わる可能性のある国家にとって，国連 PKO に派遣することは一種の「待機軍」の機能を果たすと考えられている。カシミール地方

の利権を巡り，長期的に対立を続けているインドやパキスタン，さらには
IRA によるテロリズムとの抗争の可能性を視野に入れているアイルランドが
常に国連 PKO に積極的である理由の 1 つがここにある。

　また国連 PKO での実践での経験は，その後通常戦争における活動そのもの
においても有益であると考えられる。たとえば，マレーシアは 1950 年代から
1980 年代にかけて対共産ゲリラとの戦いによって，その空軍は常に質の高い
活動を要求されてきた。マレーシア空軍はこの経験を生かし，ボスニアでの平
和執行活動におけるセルビアへの空爆において多大な貢献を果たした。そして
このボスニアでのマレーシア空軍の経験は，さらにマレーシア軍全体の活性化
と質の向上につながったといわれている[5]。

　冷戦の終結とそれに伴う共産主義国の民主主義国家への移行により，国家に
おける軍隊はその存在意義やアイデンティティーについて見直すこととなっ
た。国連 PKO はそのような見地から，各国軍隊をある一定の規模を維持しつ
つ存続させるための重要な正当性を提供するものとなった。PKO に参加する
ことにより，軍体内において高い次元の職業意識や士気を維持することができ
る。たとえば憲法上の理由により，他国の軍隊と比較して活動範囲が制限され
ている日本の自衛隊にとって PKO に参加することは，他国軍隊とともにさま
ざまな実務的経験をすることができ，また高い士気も得られる。

　また PKO 派遣が定着するに従い，新兵の採用が容易になったという国家も
多々存在する。特に途上国において軍人となり PKO に派遣されることは，外
国を訪れる機会が与えられるということで参加への自発的志願者も多い。

7 − 1 − 5　規範的根拠 (normative rationales)

　国家は，国連 PKO に要員を派遣することにより「良い国際人 (good global
citizen)」としてのイメージを受ける。これは歴史的には東西冷戦時代に非同盟
諸国や中立国家が世界の大国や超大国に代わり国連 PKO に派兵した理由の 1
つであると考えられる。またポスト冷戦期においてもソマリア，ルワンダ，
スーダンで繰り広げられた虐殺などの反人道的行為に対して，「人道的介入」
や「保護する責任」などの新たな国際的規範に基づいて設立された国連 PKO

に貢献することもこのような見地に基づく部分が少なくはない。またPKOの活動地域においてフィジーやアイルランドからの兵士がその参加理由を尋ねられたときに「キリスト教の慈悲の精神に基づいて参加している」と答えることが多い。このような宗教上の規範的根拠は多く見られる。たとえば，人口規模上ではイスラム国家最大であり，また非同盟運動（Non-Aligned Movement：NAM）の議長であったインドネシアのスハルト大統領は，1995年旧ユーゴスラビアの国連保護隊（UNPROFOR）にインドネシア軍が参加することを決定した。これは当時ボスニアでのムスリム人が残虐な人権侵害の被害を被っているからであったという。同様な理由でエジプトもUNPROFORや同じイスラム国家のソマリア（UNOSOM）に大規模な軍隊を派遣した[6]。

このように国連PKOにはさまざまな参加根拠が考えられる。しかしながら現在国連PKOへの加盟国の派遣・参加に関しては多々問題を抱えている。なかでも欧州諸国の国連PKOへの派兵規模が縮小している「国連PKO離れ」の問題が顕著である。次項ではこの問題に焦点をあてる。

7－2　欧州諸国に見る先進国の「国連PKO離れ」

現在欧州諸国の国連PKOにおける実績は，東西冷戦時代の「欧州PKOの黄金期」と比較すると低迷している。現在の「ポスト冷戦期」において欧州諸国は，国連PKOよりも旧ユーゴスラビアに派遣されたNARO主導のIFOR（和平履行部隊）やKFOR（コソボ治安維持部隊），小規模で短期間派遣するアフリカ諸国におけるEU主導のミッション，さらには2001年のアメリカでの同時多発テロ，いわゆる「9.11」後にアフガニスタンに展開されたアメリカ主導の国際治安支援部隊（ISAF）などに積極的に要員を派遣していった。特にISAFに関しては，アメリカの「テロとの戦い（War on Terror）」という強い喚起とともに，欧州諸国は国連PKOの規模を越える大規模な部隊を派遣した。そのISAFは2014年末日を持って任務を終了した。そして欧州諸国はISAF派遣に相応する大規模要員をEU主導のミッションに派遣するのか，NATO主導

142 ──◎

のミッションに派遣するのか，国連 PKO に派遣するのか，それともいずれの
ミッションにも派遣したいのかという選択をすることになった。

　実際に国連 PKO に関して欧州諸国は，前述したように中東地域レバノンに
展開されている UNIFIL にその部隊派遣が集中しており，ほかの国連 PKO に
は各国「ごく少数の（token）」派遣をしている。（その派遣も意義のあることは後に
説明をする）

　一方アフリカ大陸における平和活動に目を向けると，アフリカ諸国はアフリ
カ地域内の地域機構主導の活動から，国連 PKO へのミッションに部隊を派遣
し直す傾向にある。その結果，アフリカ地域内の多くの国連 PKO は，多くの
アフリカ諸国の部隊からの構成となる。さらに現在の国連 PKO の大多数はア
フリカで展開されている。とりわけ過去 10 年間に新たに設立された 6 つの国
連 PKO はすべてアフリカ大陸内で設立されている。（図表6－1）　このような
事実を鑑みても，欧州諸国の国連 PKO への貢献は著しく減じているのであ
る。このような欧州諸国の「国連 PKO 離れ」はどのような理由に基づくの
か。その理由に正当性はあるのか。欧州諸国は国連 PKO に回帰すべきか。本
章はこのような問題を論議していく。

7－2－1　欧州諸国の国連 PKO への貢献の歴史：東西冷戦中，冷戦後を通して

　東西冷戦時代において，欧州諸国は国連 PKO に積極的に参加していた。当
時は，国連安保理常任理事国であるイギリスとフランスを除く欧州諸国の多く
は，俗にいう中堅国家（ミドルパワー）と呼ばれ，それらの中堅国家は国連
PKO に対して熱狂的なまでの支持者たちであった。最初の国連平和監視団で
ある国連休戦監視機構（UNTSO）が 1948 年に設立され，その後国連 PKO が国
際社会から支持をされ始めた時代において，多くのアジア・アフリカ諸国はま
だ独立はしていないか，主権国家になっていても兵士の技能や軍事装備はまだ
未熟であった。実際に欧州の中堅国家は，理想的な「平和維持国家
（peacekeeper）」であると考えられた。一方で調停や仲裁のような役割りに重き
を置く PKO の活動において政治・軍事大国の威圧的な要素は受け入れ国家を

第7章　国連平和維持活動と貢献国との現在の課題　◎── 143

恐れさせるであろう。他方で PKO は，適切な軍事装備，任務技能，部隊間の
高い士気を要求する準軍事的な活動である。欧州諸国の部隊はこれら双方の要
求を満たしていた。また欧州諸国の部隊は輸送や土木などの後方支援の能力も
十分に備わっていた。それゆえ中堅国家は，超大国の役割を制限せしむ PKO
のような活動に先導的な役割を果たしたのである。さらに中東地域において第
3 次世界大戦勃発の危機に成り得た 1956 年の第 2 次中東戦争や 1973 年の第 4
次中東戦争においても，欧州諸国は国連 PKO（それぞれ UNEF I と UNEF II）に
積極的に派兵することによって危機の回避に貢献したのであった。図表 7 - 1
で示すように，欧州諸国は東西冷戦時代の国連 PKO の総派兵国の 41％を占め
ている。

　東西冷戦の終焉は，国連安保理常任理事国による拒否権の乱発を終結させ，
その結果，安保理で採決・設立される国連 PKO の数も著しく増加した。たと
えば 1948 年の UNTSO の設立から 1988 年 1 月までのおよそ 40 年間で設立さ
れたすべての国連 PKO の数は 11 ミッションであったが，そのわずか 6 年後
の 1994 年 12 月までに新たに 17 ミッションが設立されている。

　1996 年国連本部にて国連 PKO に関する公文書籍『ブルーヘルメット（*The
Blue Helmets: A Review of United Nations Peace-keeping, Third Edition*）』が出版され
た。その時点での統計によると，総設立国連 PKO の数は 33 ミッションであ
る。そのなかで 15 ミッション以上参加している「積極的な国連 PKO 派兵国」
は 27 カ国あり以下の図表 7 - 2 の通りである。

図表 7 − 1　東西冷戦時代の国連 PKO と要員派遣国

国連 PKO	期　間	要員派遣国	欧州国比率
UNEF I （シナイ半島）	1956. 11 − 1967. 6	ブラジル，カナダ，コロンビア，デンマーク，フィンランド，インド，インドネシア，ノルウェー，スウェーデン，ユーゴスラビア	50%
ONUC （コンゴ）	1960. 7 − 1964. 6	アルゼンチン，オーストリア，ブラジル，ビルマ，カナダ，セイロン，デンマーク，エチオピア，ガーナ，ギニア，インド，インドネシア，イラン，アイルランド，イタリア，リベリア，マラヤ，マリ，モロッコ，オランダ，ナイジェリア，ノルウェー，パキスタン，フィリピン，シエラレオネ，スーダン，スウェーデン，チュニジア，アラブ首長国連邦，ユーゴスラビア	27%
UNYOM （イエメン）	1963. 7 − 1964. 9	オーストラリア，カナダ，デンマーク，ガーナ，インド，イタリア，オランダ，ノルウェー，パキスタン，スウェーデン，ユーゴスラビア	55%
UNFICYP （キプロス）	1964. 3 −現在	（1964 年設立時）オーストリア，カナダ，デンマーク，アイルランド，スウェーデン，イギリス	83%
UNIPOM （インド・パキスタン）	1965. 9 − 1966. 3	オーストリア，ベルギー，ブラジル，ビルマ，カナダ，セイロン，チリ，デンマーク，エチオピア，フィンランド，アイルランド，イタリア，ネパール，オランダ，ニュージーランド，ナイジェリア，ノルウェー，スウェーデン，ベネズエラ	42%
UNEF II （シナイ半島）	1973. 10 − 1979. 7	オーストラリア，オーストリア，カナダ，フィンランド，ガーナ，インドネシア，アイルランド，ネパール，パナマ，ペルー，ポーランド，セネガル，スウェーデン	38%
UNDOF （ゴラン高原）	1974. 6 −現在	（1974 年設立時）オーストリア，カナダ，ペルー，ポーランド	50%
UNIFIL （南レバノン）	1978. 3 −現在	（1978 年設立時）カナダ，フランス，イラン，ネパール，ナイジェリア，ノルウェー，セネガル	29%
		全　体	41%

出典：United Nations *The Blue Helmets: A Review of United Nations Peace-keeping, Third Edition* （New York：The United Nations Department of Public Information, 1996），William J. Durch （ed.） *The Evolution of UN Peacekeeping: Case Studies and Comparative Analysis* （New York：St. Martin's, 1993）

第 7 章　国連平和維持活動と貢献国との現在の課題　◎── 145

図表 7 - 2　ポスト冷戦期初期まで（1948 年から 1996 年）の積極的な国連 PKO 派遣国

国連 PKO 派遣数	PKO 派遣国
33 国連 PKO	カナダ（それまですべてのミッションに参加）
26	アイルランド，スウェーデン，ヨルダン
25	ノルウェー
22	アルゼンチン，バングラデシュ
21	インド，パキスタン
20	オーストリア，オランダ，ポーランド，ガーナ
19	デンマーク，フィンランド，インドネシア，マレーシア，ナイジェリア
18	ニュージーランド
17	フランス，エジプト
16	ロシア，オーストラリア，ブラジル
15	ベルギー，イタリア，ケニア

出典：United Nations *The Blue Helmets: A Review of United Nations Peace-keeping, Third Edition*（New York：The United Nations Department of Public Information, 1996）

　図表 7 - 2 から換算すると，この積極的な国連 PKO の派兵国 27 カ国は，1948 年から 1996 年の間に延べ 542 のミッションに参加しているが，欧州諸国のみで換算すると 256 ミッションになり全体の 47％を占める。ちなみにアフリカ諸国は延べ 71 のミッションに参加しているが全体の 17％に過ぎない。

　それでは『ブルーヘルメット』が出版された 1996 年時点での国連 PKO への積極的な派兵国はどうであったのか。1996 年 12 月の時点での国連 PKO 派兵数の上位 50 カ国は以下図表 7 - 3 の通りである。

図表７－３ ポスト冷戦期初期（1996年12月時点）での要員参加数に関する国連加盟国別のランキング上位50カ国

順　位	国　名	参加人数	順　位	国　名	参加人数
1	パキスタン	1,712	26	ポルトガル	406
2	インド	1,211	27	イギリス	405
3	バングラデシュ	1,184	28	ナミビア	206
4	ロシア	1,173	29	インドネシア	205
5	ヨルダン	1,127	30	ドイツ	173
6	ポーランド	1,097	31	スウェーデン	168
7	カナダ	1,044	32	デンマーク	125
8	ブラジル	978	33	マレーシア	122
9	フィンランド	924	34	エジプト	102
10	ウルグアイ	912	35	ハンガリー	102
11	ジンバブエ	894	36	オランダ	100
12	オーストリア	867	37	ケニア	95
13	ベルギー	836	38	ブルガリア	79
14	ルーマニア	787	39	ナイジェリア	78
15	ネパール	767	40	イタリア	71
16	ガーナ	766	41	セネガル	66
17	アメリカ	759	42	マリ	62
18	アイルランド	745	43	チェコ	49
19	ノルウェー	732	44	スペイン	47
20	フィジー	642	45	日本	45
21	アルゼンチン	595	46	韓国.	40
22	スロバキア	588	47	トルコ	40
23	ザンビア	551	48	中国	38
24	フランス	502	49	オーストラリア	32
25	ウクライナ	438	50	チュニジア	32

出典：The Monthly Summary of Troop Contributions to Peacekeeping Operations, as of 31 December 1996, Department of UN Peacekeeping Operations, NY

第7章　国連平和維持活動と貢献国との現在の課題　◎── 147

　上位50カ国のうち欧州諸国は22カ国がランクされている。これは全体の44％に相当する。また上位50カ国の総派兵数は24,919名であるが欧州国家からの派兵数は9,379名であり全体の38％を占めている。

　以上を総括すると，欧州諸国は東西冷戦中のみならず，冷戦後においても一貫して国連PKOに積極的に要員を派遣していることがわかる。とりわけポスト冷戦期になると多くのアジア・アフリカ諸国が国連PKOに派遣し始めたにもかかわらず，欧州諸国の全体の貢献率は40％前後と一定であった。これは西欧諸国の変わらない積極的な貢献に加え，新たに東欧諸国（ルーマニア，スロバキア，ウクライナ，ブルガリア，チェコなど）が国連PKOに参加したことに起因する。いい換えると東西冷戦の終結それ自体は，欧州諸国の国連PKO参加に影響を与えたわけではなく，むしろポスト冷戦期の初旬には欧州諸国は国連の多国間主義を尊重すべく国連PKOに積極的に貢献していたといえる。

　それでは欧州諸国に「国連PKO離れ」をもたらしたのは何か。それは国際社会全体の紛争解決手段の地域機構化，および対テロ戦争政策による国際治安支援部隊（ISAF）への派兵である。

7-2-2　地域機構による平和維持・平和創造と国連PKOへの影響

　ポスト冷戦期になると，国際社会および国際安全保障体制はより不安定になり，紛争解決の枠組みもより多様化され複雑になった。この傾向は2001年のアメリカでの同時多発テロ，いわゆる「9.11テロ事件」以後より顕著になった。この傾向は，アフリカ連合（AU），ヨーロッパ連合（EU），北大西洋条約機構（NATO）および有志連合（Coalitions of the Willing）[7]のような地域機構が主導する平和活動の著しい増加をもたらした。

　実際に国連も地域組織との協力体制には前向きの姿勢を示した。2004年に『国連事務総長の国際平和と安全保障を脅かす脅威と変革に関するハイレベルパネル報告』（*The Report of the Secretary-General's High-level Panel on Threat, Challenges and Change, "A More Secure World: Our Shared Reponsibility"*）が発行された。そのパネルは地域機構を主体とする多種多様な平和維持が設立される現在の傾向を容認した。その一方でパネルは国連安保理と地域機構が平和を維持するために親

密に協力し合い，お互いを支援していくことができるか否か，特に地域組織が国際的な人権擁護の水準を維持する責任を果たせるか否かにおいて大きな挑戦になり得ると言及した[8]。2005年3月アナン事務総長は，自らの報告書『より大きな自由を求めて：すべての人のための開発・安全保障および人権』(In Larger Freedom : towards development, security and human rights for all) において，国連と地域機関がお互いを補う役割を果たし，情報，専門技能，および資源の共有をするための了解覚書（MOU）を導入することを提案した[9]。

図表7－4　欧州国家主導で実施され国連安保理で承認された非国連平和活動
（1994－2009）

ミッションのタイプ	ケース
"先行型" オペレーション	IFOR（NATO主導：ボスニア・1995）：デイトン合意履行援助 Operation *Licorne*（仏軍主導・コートジボワール・2002－03）：国連コートジボワール活動（MINUCI）の先行隊として
"安定化" オペレーション	SFOR（NATO主導：ボスニア・1995） KFOR（NATO主導：コソボ・1999－現在）：UNMIKの支援隊 ISAF（NATO主導：アフガニスタン・2003－2014）：UNAMAの支援隊
"火消し型" オペレーション	Operation *Deliberate Force*（NATO主導：ボスニア・1995）：UNPROFORの支援隊 Operation *Turqoise*（仏軍主導：ルワンダ・1994）：UNAMIRの支援隊 Operation *Palliser*（英軍主導：シエラレオネ・2000）：UNAMSILの支援隊 Operation *Artemis*（仏軍主導：DRC・2003）：MONUCの支援隊
"民主化" オペレーション	EUFOR RD（EU主導：DRC・2006）：選挙支援

出典：Bellamy A. J. and Williams P. D. "The West and Contemporary Peace Operations", *Journal of Peace Research*, Vol. 46, No. 1, 2009, pp. 39-57

第 7 章　国連平和維持活動と貢献国との現在の課題　◎── 149

　図表 7 - 4 は，1994 年から 2009 年の間に国連安保理で承認されながらも欧州諸国で主導された非国連平和ミッションである。指揮系統は EU，NATO などの地域機構やイギリス，フランスといった単独国家の軍隊とさまざまである。

　EU 主導の平和活動は，1999 年アムステルダム条約で取り決められた欧州連合共通外交・安全保障政策（CFSP）に基づいて設立・実施される。CFSP の設立目的は，EU の共通の価値観や利益を守り EU の安全を強化するだけでなく，国連憲章の原則に基づき国際社会の平和と安全の強化も含まれている [10]。同様に近年においても CFSP の上級代表は，国連 PKO を支援するための欧州連合共通安全保障・防衛政策（CSDP）の向上に向けて EU はさらなる進歩を成し得たと述べている。ここでいう国連 PKO の支援とは，国連 PKO の要員派遣国と EU との関係強化を図る政策協定制定の常設化を含む [11]。しかし EU のこのような国際的あるいは地域の安全保障への貢献に対する野望にもかかわらず，これまで EU 主導による大規模な平和ミッションが設立されたケースはほとんど見当たらない。

　一方 NATO は，平和ミッションにおいて，前線の技術面そして後方処理の面においてもほかの軍事同盟を優越する，世界で最も機能的かつ効果的な軍事同盟である。ウィリアム・ドゥルチ（William Durch）は，多くの地域機構が安全機能の能力向上のために積極的な取り組みを行っているが，現在の不安定な国内紛争後の地において，適切に平和維持隊を形成し，運営し，維持することが可能な組織は国連と NATO のみだと明言する [12]。そのうえでドゥルチは，国連と NATO は本質的にいくつかの相違があるという。まず第 1 点目として安全保障に向けての発展的な手段の違いをあげる。すなわち国連のそれは人権，国家主権，そして民族自決であり，NATO のそれは欧州国内およびその周辺の軍事的安全性や政治的発達の促進である。第 2 点目の違いとしてそれぞれの敵対要素があげられ，国連のそれは不健全な統治，政治的不安定，疾病，恐怖，虐待，組織犯罪などであり，NATO のそれは地球規模のテロリスト集団，原理主義的な暴政，攻撃的な超国家主義などである [13]。それゆえ平和ミッションに関しては国連と NATO 間において，いわゆる「分業体制

(division of labor)」が構築されるべきである。すなわち国連平和ミッションは,国家構築に焦点を当てた複合型 PKO により適合しやすく,NATO 平和ミッションは,包括的な国連ミッションの前に設立される,強制力を持つ平和創造や安定化ミッションにより適合しやすいといえる。実際に図表 7 - 4 にも示しているように,NATO は,SFOR, KFOR, IFOR というような安定化ミッションやボスニアで展開された「デリバリット・フォース作戦（Operation *Deliberate Force*）」のような戦闘型オペレーションを実施した。

それでは国連 PKO は,欧州国家の地域機関に対する平和ミッションへの傾倒からどの程度影響を受けたのであろうか。2001 年のアメリカでの同時多発テロ以降において欧州諸国に最も影響を与えた平和ミッションは,アフガニスタンの国際治安支援部隊（ISAF）である。アメリカの同時多発テロの主犯であるイスラム原理主義グループのアルカイダをかくまったとされているアフガニスタンのタリバン政権を排除し,アフガニスタンの国家再建する環境を整えるために,国連が 2001 年 11 月ドイツのボン会議（the Bonn Conference）を招集した。そのボン会議の結果 2001 年 12 月 20 日国連安保理決議 1510（2001）において,ボン会議の軍事的役割を果たすべく ISAF の設立が承認された。ISAF は当初は有志連合によって指揮が取られたが,2003 年 8 月より ISAF は NATO の指揮下に入った。2003 年 10 月にはそれまで首都カブールとその周辺に限られていた ISAF の活動範囲がアフガニスタン全域にまで拡大された。

図表 7 - 5 は,図表 7 - 2 で示した 1996 年時までの「欧州の積極的な国連 PKO への派兵国」22 カ国（ポーランドからトルコまで）が,その後 2007 年 1 月と 2011 年 10 月時には国連 PKO と ISAF に軍事要員をどのように分配していったかを示している。

第 7 章　国連平和維持活動と貢献国との現在の課題　◎——　151

図表 7 − 5　欧州国連 PKO 派遣国の派遣の推移と ISAF への派兵との関係（1996 − 2011）

派遣国	1996年 国連PKO派遣数	2007年1月 国連PKO派遣数	国連PKO派遣先	ISAF派遣数	2011年10月 国連PKO派遣数	国連PKO派遣先	ISAF派遣数
ポーランド	1,097	653 ↓	UNDOF344, UNIFIL319	160	0 ↓		2,580
フィンランド	924	218 ↓	UNIFIL 213, UNMIL 3 UNMIS 2	70	2 ↓	UNIFIL 2	195
オーストリア	867	377 ↓	UNDOF 373, UNFYCIP 4	500	383 →	UNDOF 377, UNFYCIP 4 UNIFIL 2	3
ベルギー	836	361 ↓	UNIFIL 361	300	120 ↓	UNIFIL 98, MONUSCO 22	577
ルーマニア	787	0 ↓		750	0 →		1,947
アイルランド	745	492 ↓	UNMIL 331, UNIFIL 161	10	453 →	UNIFIL 453	7
ノルウェー	732	139 ↓	UNIFIL 130, UNMIS 9	350	4 ↓	UNMISS 4	582
スロバキア	588	292 ↓	UNFYCIP 196, UNDOF 96	50	159 ↓	UNFYCIP 159	326
フランス	502	1868 ↑	UNIFIL 1,680, UNOCI 185 MINUSTAH 2, UNMIL 1	1,000	1312 ↓	UNIFIL 1303, UNOCI 6 MINUSTAH 2, UNMIL 1	3,932
ウクライナ	438	300 ↓	UNMIL 300	0	277 →	UNMIL 277	23
ポルトガル	406	146 ↓	UNIFIL 146	150	150 →	UNIFIL 150	229
イギリス	405	276 ↓	UNFYCIP 270, UNMIL 3 UNMIS 3	5,200	275 →	UNFYCIP 271, UNISFA 2 UNMISS 2	9,500
ドイツ	173	930 ↑	UNIFIL 913, UNMIL 12 UNMIS 5	3,000	241 ↓	UNIFIL 234, UNMISS 4, UNAMID 3	5,150
スウェーデン	168	70 ↓	UNIFIL 68, UNMIS 2	180	2 ↓	UNMISS 2	614
デンマーク	125	55 ↓	UNIFIL 48, UNMIS 6 MINURSO 1	400	149 ↑	UNIFIL 147, UNMIL 2	750
ハンガリー	102	88 ↓	UNFYCIP 84, UNIFIL 4	180	81 →	UNFYCIP 77, UNIFIL 4	415
オランダ	100	174 ↑	UNIFIL 171, UNMIS 3	2,200	1 ↓	UNAMID 1	183
ブルガリア	79	0 ↓		100	0 →		597
イタリア	71	2427 ↑	UNIFIL 2427	1,950	1811 ↓	UNIFIL 1810, UNMISS 1	4,213
チェコ	49	0 ↓		150	0 →		694
スペイン	47	1108 ↑	UNIFIL 1108	550	1073 →	UNIFIL 1073	1,526
トルコ	40	526 ↑	UNIFIL 522, UNMIS 4	800	361 ↓	UNIFIL 361	1,840

出典：International Institute for Strategic Studies（IISS）*Military Balance 2012*, The Monthly Summary of Troop Contributions to Peacekeeping Operations, as of 31 December 1996, 31 January 2007, and 30 October 2011, Department of UN Peacekeeping Operations, NY

152 ——◎

　2007 年 1 月の ISAF の総軍事要員は 35,460 名と（国連 PKO と比較すると大規模であるものの）相対的に謙虚な規模であった。その後 2011 年 10 月には 137,638 名と大きく増加した。図表 7 - 5 によると 2007 年 1 月の時点で，1996 年時点では国連 PKO 積極派遣国であった欧州 22 カ国のうち実に 16 カ国が国連 PKO への派兵数を減少させている。その 16 カ国のうちウクライナを除く 15 カ国では ISAF に新たに軍事要員を派遣しているのである。そして特筆すべきことにルーマニア，ブルガリア，チェコといった東欧諸国が，1996 年時には国連 PKO に積極的に兵を派遣していたにもかかわらず，2007 年には国連 PKO への派兵は皆無であり，かつ ISAF に軍事要員を多数派遣している。すなわちかつては「NATO の敵国」であった東欧諸国が現在，国連よりも NATO の安全保障の枠組みに強く組み込まれることを望んでいるのであった。

　一方でフランス，ドイツ，オランダ，イタリア，スペイン，トルコの 6 カ国は，1996 年時と比較して 2007 年 1 月には国連 PKO への派兵数を増加させている。これらの 6 カ国は NATO を代表するような国家であり，2007 年 1 月には ISAF にも大規模な部隊を派遣している。それでもなお国連 PKO にも部隊増強している背景には南レバノンの UNIFIL への参加があげられる。UNIFIL の軍事要員は，2006 年 8 月に南レバノンにてイスラエルとヒズボラが交戦状態になったのを契機に同年 8 月 11 日国連安保理決議 1701（2006）の採択により大幅に増員された。よってフランスやドイツのような欧州の大国による 2006 年以降の UNIFIL への傾倒は，中東地域にある南レバノンにおける彼らの地政学的な国益に起因する。実際にドイツの安全保障に関する専門家は，ドイツが欧州の同盟国とともに参加をし，また同盟国と利益をともにする国連 PKO に対しては大規模な軍事要員を派遣する傾向にあると言及している [14]。

　欧州諸国の「国連 PKO 離れ」は，2011 年 10 月の時点ではより顕著になった。上述した欧州 22 カ国のうち 2007 年 1 月時と比較して国連 PKO への派兵数が増加したのは，わずか 1 カ国（デンマーク）のみであった。10 カ国が 2007 年時とほぼ同等の規模を国連 PKO に派遣し，11 カ国は大幅に減員した。2007 年 1 月には，10,510 名であった欧州諸国 22 カ国全体の PKO 派兵数は，2011 年 10 月には 6,854 名に減少している。その 6,854 名の 86% もの要員が UNIFL

第 7 章　国連平和維持活動と貢献国との現在の課題　◎── 153

に派兵されていた。一方 22 カ国中 20 カ国が 2011 年 10 月時には ISAF への派兵を 2007 年時に比べ増員させている。特にポーランド，ルーマニア，スウェーデン，ブルガリア，チェコ，トルコの ISAF への熱狂的な参加が顕著であった。

　図表 7 − 5 はまた欧州諸国が UNIFIL に大規模部隊を派兵している一方，彼らが 10 名にも満たない「小規模要員（token troops）」を多くの国連 PKO に派遣しているのが認識される。この「小規模要員」の派遣先は，UNMIS（スーダン），UNMISS（南スーダン），UNMIL（リベリア），MINUSTAH（ハイチ），UNOCI（コートジボワール）などでありアフリカ諸国の PKO に多い。そして，その国家の多くはその国連 PKO の本部に少数の要員を派遣しているのが特徴である。カタリーナ・コールマン（Katharina Coleman）によると，国家がごく少数の人的資源を多くの国連 PKO に展開させるのは，意図的な戦略によるものであるという [15]。すなわちごく少数の要員派遣でも，そのミッション内で流通している作戦上や政治上の情報を入手することや，そのミッションの国連内の会議に参加することも可能だからである。つまりこのような国家にとっての利益は，少人数の要員を派遣し少額の経済的負担でも得られるということである。

　総括すると，欧州諸国は平和活動に対してとても賢明な使い分け政策を取っている。戦略的にあまり重要でないアフリカ地域の国連 PKO には少数の本部スタッフを派遣し，UNIFIL のような中東地域内の地政学上重要な地域にはより大規模の歩兵部隊（大隊）を派遣し，さらに ISAF のような「対テロ戦争」に関連するような戦略的にとても重要な NATO 主導のオペレーションには，さらに大規模な平和執行部隊を派遣しているのである。1 国内での海外派兵の規模の割合がある程度定められているために，必然的にこの「任務の分担」が国益の度合いによって形成されてしまうと考えられる。

7－3　ポスト ISAF 期における欧州諸国の PKO 戦略： 欧州諸国は国連 PKO に回帰すべきか

　欧州諸国の「国連 PKO 離れ」はさらに続いた。2012 年 9 月には欧州諸国の国連 PKO への派兵総数はわずか 4,670 名であり，全体の 97,199 名の 5 ％以下の水準まで低下した[16]。この 5 ％という数値は，東西冷戦期においては 40 ％前後の貢献度であったことと比較すると相当低下したことを示す。一方 ISAF は，2014 年末日をもってその任務が終了し多くの欧州部隊が帰還した。そこで欧州諸国は，どのような政策を取ったのか。彼らは国連を迂回し，EU やその他の NATO の枠組みで設立される平和ミッションに再び派兵することを決意した。

図表 7－6　EU 主導の平和活動（軍事活動：2015 年現在まで）

ミッション	派遣先	派遣期間	人　数
ARTEMIS	コンゴ民主共和国	2003.6 － 2003.9	1,800
CONCORDIA	マケドニア	2003.3 － 2003.12	350
EUFOR ALTHEA	ボスニア・ヘルツェゴビナ	2004.12 －現在	7,000
Support to AMIS II	ダルフール	2005.7 － 2006.12	15
EUFOR RD Congo	コンゴ民主共和国	2006.7 － 2006.11	NA
EUFOR Tchad / RCA	チャド・中央アフリカ	2008.1 － 2009.5	3,000
EU NAVFOR	ソマリア沖	2008.12 －現在	NA
EUTM Somalia	ソマリア	2010 －現在	125
EUTM Mali	マリ	2013 －現在	80
EUROR RCA	中央アフリカ	2014.2 － 2015.3	700
EUMAM RCA	中央アフリカ	2015 －現在	60

Source：European External Action Service 2015.

http://eeas.europa.eu/csdp/missions-and-operations/index_en.htm.

第 7 章　国連平和維持活動と貢献国との現在の課題　◎―― 155

　図表 7 - 6 が示すように，EU は 2015 年の時点で 11 の軍事的平和ミッショ
ンを設立している。文民型ミッションに関しては 23 もの活動を設立し，あわ
せて 34 もの EU ミッションを実施している[17]。
　欧州諸国は，現在のポスト ISAF 期において国連 PKO に回帰すべきか。こ
の命題において反対派と賛成派の視点を議論していく。

7 - 3 - 1　欧州諸国は国連 PKO に回帰すべきか：反対派の見解
(1) 政治的リアリズム
　まず図表 7 - 7 が示すとおりに，国連 PKO の分担金額の上位を占める国家
（ここでは先進国が多い）が必ずしもその要員を多く派遣していないことがわか
る。これは先進国ゆえに財政的に国連 PKO に貢献することがあっても，自国
の兵士を派遣するほどの国益を認識していないことが考えられる。

図表 7 - 7　国連分担金額上位 5 カ国と国連 PKO 派遣数（2014）

順位	国	前国連分担金に占める割合（2014）	国連 PKO は件数及び順位（2014.12 月）
1	アメリカ	28.3%	127 人（66 位）
2	日　本	10.8%	271 人（52 位）
3	フランス	7.2%	922 人（32 位）
4	ドイツ	7.1%	179 人（59 位）
5	イギリス	6.6%	289 人（51 位）

出典：外務省資料　http://www.mofa.go.jp/mofaj/gaiko/jp-un/pko-yosan.htmil
　　　国連 PKO ホームページ　http://www.un.org/en/peacekeeping/

　非国連ミッションの多くが中東，東欧，中央アジアに集中している。中東や
中央アジアの天然資源の利益を考慮した地政学的現実主義がその背景にある。
その一方で現在国連 PKO の多くが，サハラ砂漠以南のアフリカ大陸に集中し
ている。このミッションの動機には，「国際的な安定」という地球的公共財が
その背後に存在しているが，多くの国々はこのサハラ以南のアフリカ諸国には

関心を示さない。そこには，国連はたいていの国家が特定の経済的・戦略的関心を示さない場所に自ら進んで身を捧げるしかなく，それが国連 PKO であるという見解が存在する[18]。この見解によると国連は，今後 PKO の主力選手にはなれないことになる。このような非国連の PKO に多く存在意義を示すことにより，欧州の派兵国の間で国連 PKO を支援する意思がなくなってしまう。これはとりわけ国連安保理で常任理事国のイギリスとフランスがより非国連 PKO に集中させたいがために，国連 PKO 設立のための安保理決議に対して反対票を投じかねない[19]。

　国連 PKO において自国の派兵要員が犠牲となるという懸念も欧州諸国の国益に反することである。たとえばドイツでは 2003 年のコンゴ民主共和国の MONUC における欧州ミッションの準備段階において，ドイツが自国の兵士を派遣するか否かの議論で一番焦点になった議論は，この犠牲者に関する懸念であった。また欧州国部隊にとっては，アフガニスタンの ISAF を含めた「対テロ戦争」から帰還して受けた心的外傷（トラウマ）の影響がこのような犠牲者に対する懸念を伴う議論に一層拍車をかけた。このような民衆の懸念によって欧州の国家政府が，とりわけ「強化された国連 PKO（robust peacekeeping operations）」への派兵を一層警戒する姿勢を取ったといえる[20]。

（2）自給自足の原理

　ここでいう「自給自足」とは，地域の紛争はその地域の国々の部隊が軍事要員を派遣して，その地域の安定化を図るべきであるという考え方である。「アフリカにとっての問題はアフリカ自身による解決を（African Solutions for African Problems）」というスローガンは，まさにこの考え方に当てはまる。この「自給自足」の原則は，現在の国内紛争後の平和構築や国家構築の過程における持続可能な発展（sustainable development），能力開発（capacity-building）の原則にも相通ずる。この原則は，とりわけポスト冷戦期に政治大国がアジアやアフリカの問題に関心が薄れてきた背景やさらには国内紛争後の平和構築や国家構築のプロセスに際しても説明され得る。そしてこの「自給自足」の原則は，欧州諸国のとりわけ「アフリカの国連 PKO 離れ」に適用されよう。アフリカの紛争解

決における "African Solutions for African Problems" の考えは，多くのアフリカ連合（AU）主導の平和ミッションの到来へと導いた。2002年のAU設立以来多くのAUミッションを設立してきた。その任務は，図表7－8でもわかるように選挙監視から平和執行まで広範囲である。

図表7－8　アフリカ連合主導平和活動（2003－2012）

ミッション	派遣先	派遣期間	人数	任務
AU Mission in Burundi（AMIB）	ブルンジ	2003 － 2004	3,250	平和構築（DDR；人道支援）平和強制
AU Military Observer Mission in the Comoros（MIOC）	コモロ	2004	41	平和監視
AU Mission in Sudan（AMIS）	ダルフール	2004 － 2007	7,700	平和維持／文民保護
Special Task Force Burundi	ブルンジ	2006 － 2009	750	要人保護
AU Mission for Support to the Elections in the Comoros（AMISEC）	コモロ	2006	1,260	選挙監視
AU Mission in Somalia（AMISOM）	ソマリア	2007 －現在	17,731	政府護衛，反乱軍制圧
AU Electoral and Security Assistance Mission to the Comoros（MAES）	コモロ	2007 － 2008	350	選挙支援
Operation Democracy in Comoros	コモロ	2008	1,350	平和強制

出典：Boutellis A. and Williams P. D. "Peace Operations, the African Union, and the United Nations：Toward More Effective Partnerships", Working Paper, International Peace Institute, April 2013

アフリカにおける AU 主導の PKO の利点は，近隣国家から派遣される部隊はアフリカ外部からの部隊と比較してお互いの諸問題に関して精通しているということである。近隣国家の部隊は，共通した文化，社会的アイデンティティー，宗教，歴史を持ち，また類似した経験を持っているのである[21]。さらに一般的に国連 PKO は，AU よりも大規模でより経費を要する複合型ミッションを展開することが多いのに対し，AU は，国連より迅速にかつ低コストで近隣国家より部隊を派遣することができる。

また PKO の方策（doctrine）においても AU と国連の PKO では相違がある。平和を維持する以前の段階で AU は PKO を設立して実施させる傾向がある。また平和執行においても国連ミッションでは設立しないであろう，包括休戦協定や政治的合意が不在の状況でも AU 部隊は設立し得る。また国連 PKO では派遣国が要員の提供を躊躇するような安全状況でも，さらに受入政府や地域機構が国連 PKO を歓迎しないような場所でも AU の PKO は展開され得る[22]。このような見地から，欧州諸国は国連や EU の平和ミッションという手段でアフリカの紛争地域に自らの兵を送るよりはむしろ，単純にアフリカの紛争はアフリカ人に任せるべきという主張には正当性を伴うのである。

（3）欧州による国連 PKO そのものに対する批判

国連 PKO よりも EU の PKO を好む理由として，EU は国連と比較して新兵の募集が迅速であることがあげられる。国連 PKO のケースにおいては，国連安保理でその設立が採択されてから実際に十分な規模の兵士を募集するのに何カ月も要することがまれではない。欧州の軍事要員は，国連のそれよりも活動が困難な地域においてより高い職業的技能をもって任務に遂行できると信じている[23]。多くの欧州国家の平和ミッションの兵士は，国連 PKO における軍事司令官よりも自国の司令官の方が，指揮・統制能力に優れていると考えている。たとえばイタリアの PKO 学者によると，イタリア人兵士は PKO のような統合された指揮・統制活動では，国連よりも EU のミッションにおいてより親近感を持ち得ている[24]。同様にフランス人学者も，防衛や国家安全に関する政府白書においては国連を国際安全構築構造の中心に位置付けているもの

の，国連は軍事危機対応能力においては構造上いまだ不適切であると認識されている[25]。さらにイギリスにおいても，多くのイギリスの政治家や軍事将校たちは，自国の傑出した軍事能力が通常の国連 PKO に適しておらず，そこには他国の軍隊がより効果的かつ経済的に登用されるべきと考えている[26]。

7－3－2　欧州諸国は国連 PKO に回帰すべきか：賛成派の見解
(1) そもそも国連 PKO と地域機関の PKO は用途が異なる（非関連性）

　最初の論点は，そもそも地域機関の PKO は，国連 PKO の代役にはなりえないということである。たとえばアフリカに展開する EU の平和ミッションは国連 PKO と比較して，規模が小さく，政策目標も制限され，期間も短期間であり，活動地域も限られている[27]。図表7－9は，2013 年に展開された国連と EU の平和活動の比較である。この図表から国連 PKO の1ミッションあたりの軍事要員，警察要員，文民要員の数は EU のそれらよりもはるかに多い。実際に EU の平和ミッションで軍事要員が 1,000 名を超えていたのは，コンゴの Operation *Artemis*（2003），ボスニアの EUFOR Althea（2004～），チャドと

図表7－9　国連と EU の平和活動の比較（2013）

	国　連	EU
ミッション数	28	17
派遣要員数	112,291	5,014
軍事要員数	89,799	2,891
1ミッションあたりの軍事要員数	3,207	170
警察要員数	14,165	932
1ミッションあたりの警察要員数	506	55
派遣文民数	8,327	1,191
1ミッションあたりの派遣文民数	294	70

出典：Pietz T. "The European Union and UN Peacekeeping : Half-time for the EU's Action Plan" *Policy Briefing,* the Center for International Peace Operations（ZIF），Berlin, October 2013）

中央アフリカの EUFOR Tchad/RCA（2008 ～ 2009）のみであった。（図表 7 - 8）

　また多くの EU のミッションは，国連 PKO とまったく独立しているのではない。たとえばチャドや中央アフリカの EU ミッションでは，国連 PKO が設立する準備段階としての「橋渡しミッション」であったり，またコンゴでの EU ミッションは，選挙監視や警察業務改革であり同時期に展開している国連ミッションの「穴埋めミッション」であったりする。つまり EU のミッションは，国連によって運営されている既存のミッションにパッケージされた補助ミッションであることが多い。いい換えれば，EU のミッションが国連 PKO 全体に取って代わることはない。国連 PKO と EU の PKO を同じ土俵で考えることは非現実的である。つまり「自国は EU の PKO に参加しているのだから国連 PKO に参加する必要はない」と主張するのは道理に合わない。つまり国連 PKO において欧州国家が依然と比較して派兵数を減少してしまえば，その空白の部分はほかの国家が埋めなけれなばらないのである。

(2) 正当性（legitimacy）の問題

　欧州国家の PKO 関係者をはじめとして少なからずが国連 PKO に関して何らかの懸念や欠陥部分を指摘してきた。しかしこの議論は正当性に欠ける，つまり「国連 PKO は大いに機能している」と主張する専門家も多数存在している。確かに，国連 PKO に関しては広範囲にわたる懸念や批判が投げかけられてきた。また特定の PKO のケースから得られた教訓（lesson learned）を含んだ批判的な論文も多数出版されている。しかし国連 PKO の存在そのものを否定する専門家はほとんど存在しない。その反対に国連 PKO の効果を証明してきた専門家は歴史的に一貫して存在するのである。たとえば国連 PKO 研究で，草分け的な存在であるイギリスのアラン・ジェイムス（Alan James）は，20 世紀の主要な国際紛争を調査した。そのほとんどの国際紛争と PKO 介入の詳細を網羅した彼の著書 *Peacekeeping in International Politics*（London：Macmillan, 1990）において次のように述べている。

第7章　国連平和維持活動と貢献国との現在の課題　◎── 161

　国連 PKO は，［紛争解決においては］主要な役割を果たしていないし，単
に PKO の有効性によってのみに当事者国家が，再び戦闘行為を再発すること
を思いとどまらせているという証拠もない。しかしどのような理由であれ，も
しそのような国家が平和に戻ろうという気持ちになるのであれば，そのための
行為は PKO の役割を果たしている第3者の軍事要員によって促進され援助
されているのである。このような補助的な役割において，PKO はそれなしで
はさらに戦闘が悪化したであろうという 20 世紀の国際社会の形成において功
績に値するのである[28]。

　そしてジェイムスは「この国際平和維持活動が，国際平和に大いに貢献した
のは疑いの余地がない」と結論付けている[29]。
　21 世紀に入りマイケル・ドイル（Michael Doyle）とニコラス・サンバニス
（Nicholas Sambanis）は，20 世紀のみならず 21 世紀の国内紛争を含む広範囲
の紛争データを駆使して国連平和ミッションの調査を実施した。その調査の際
に PKO の成功のための 3 つの要素を，敵対行為の減少（declined hostility），地
域の能力向上（local capacities），そして国際社会の援助（international assistance）
とし，それぞれの地域・国際紛争を 3 つの要素の達成度合いを分析しその形状
を三角形（トライアングル）で表現するというものであった。そしてその調査の
結果，彼らの著 *Making War and Building Peace*（Princeton and Oxford：Princeton
University Press, 2008）において次のように結論付けている。「各紛争の形態に適
合した国連ミッション，とりわけ複合的な PKO は，前向きな平和を育み，地
域の組織制度を構築することによって紛争の再発を防ぐことに貢献してい
る。」[30]
　同様にバージニア・ペイジ・フォンタ（Virginia Page Fonta）も『国際平和維
持活動の効果があるのか（*Does Peacekeeping Work ?*）』という素朴ながらも重大
な問題をテーマに数多くのデータに基づいて調査研究を実施した。その結果，
PKO を現在駐留させていることで次の戦争勃発の危険性を 70 － 75％軽減し，
さらに PKO ミッションを終了させ部隊を帰還させた地域・国家においては，

戦争再発の危険性を実に 87 － 100％ も軽減させると実証した。

　このように国連 PKO は，効果的なメカニズムを持つという意味において正当性を有しているといえよう。そのような有益な国連の紛争解決メカニズムに対して，欧州を含む国連全加盟国が積極的に貢献することも必要である。一方地域機関主導の平和ミッションに関しては，ジェイムスやドイルやフォンタが実施したような大規模な調査はいまだ実施されていない。

　アレックス・ベラミー（Alex Bellamy），ポール・ウィリアムズ（Paul Williams），そしてスチュアート・グリフィン（Stuart Griffin）は，地域機構や有志連合にはない国連のような国際機関主導による平和ミッションの利点をいくつか指摘した。まず国連という国際機関が直接 PKO の規則や任務を設定するので，国連加盟国としての貢献国は必然的にその規則や任務に従うことになるということである。また国際組織主導としての国連 PKO は，関係国家主導の有志連合の活動よりもより多くの説明責任や透明性を有し，さらに内部監査的な機能も持ちうる上でより高い正当性を持つのである[31]。

　国連 PKO が主張する別の重要な正当性の根拠として国連の多国間主義（multilateralism）の価値観があげられる。欧州諸国がアフリカの国連 PKO への派兵を避け，自らの地域機構 PKO においてのみに主導的な役割を果たすことを好むのは，国連加盟国の一員としての責務と多国間主義の観点から大きな疑問である。クリスティン・グレイ（Christine Gray）は「アフリカにおける平和維持と平和執行－欧州の役割と多国間主義への義務」という論文で，欧州諸国のアフリカにおける国連 PKO への消極関与を批判し，次のように述べている。

　国連加盟国は，多国間主義に基づいて行動する義務を有している。その義務は，虐殺やそ人道上の大惨事を防ぐために多国間主義が考案されている場合は，さらに強化される。我々は，単一行動することのみならず国連を効果的に活動させるという義務も有している。パートナーシップやオーナーシップという言葉は，それらがいかに魅力的であろうとも，多国間主義の代用にはならないのだ[32]。

第 7 章　国連平和維持活動と貢献国との現在の課題　◎── 163

　国連 PKO における正当性の問題は，国連安保理のなかにも存在する。いう
までもなく国連安保理は，その PKO の本質に多大な価値を置くべきである。
それゆえ国連 PKO がさらに発展するように国連安保理は自ら前向きに努力す
ることが要求される。しかし現実的には，国連安保理の欧州代表の常任理事国
であるイギリスとフランスは，国連 PKO に派兵することに躊躇している。も
し両国がそのような姿勢を維持続けるようであれば，両国は国連安保理改革の
ドアを自ら開け，より多くの積極的 PKO 派兵国が安保理の常任理事国になれ
るよう積極的な働きかけをするべきである。
　法律分野もまた国連 PKO の正当性を主張し得る。国連憲章第 8 章（地域的取
極）は，1995 年のセルビアへの NATO の空爆や 2003 年のイラク戦争などにお
いて欧州諸国を含める西側諸国から誤用されたことがあった。いい換えれば，
国連憲章で保障する地域機関の活用が強調され，両時ともに国連安保理の決議
ななされぬまま 1995 年の NATO 空爆も，2003 年有志連合のイラク攻撃も開
始された。つまり地域機関の乱用である。このようなことが続くと欧州を含む
先進国が国連憲章 8 章の解釈を歪めかねない[33]。つまり国際社会は国連主導
の平和活動に改めて重きを置く必要がある。

（3）国連 PKO における欧州諸国の価値や必要性

　欧州諸国の部隊は，国連 PKO に参加するうえで貴重な存在価値を有する部
隊である。前述したように昨今の国連 PKO の多くは，停戦監視業務のみなら
ず，選挙監視，人権擁護，法執行，国軍や警察養成などの治安部門改革（SSR）
などを含めた複合型ミッションである。PKO のこれらの任務は，西洋の政治
システムをモデルとした民主プロセスに基づいている。よって欧州諸国が，ア
ジア・アフリカ地域の複合型 PKO に参加することは奨励される。
　欧州諸国の部隊は，活動地域においてその道徳観や軍事能力においても大き
な価値観を見いだされている。たとえばあるアフリカ諸国からの部隊が PKO
の活動中に反人道行為や性的虐待を行った事例も紹介される。また国連 PKO
での任務中に新たなビジネスを展開する途上国出身部隊も存在した[34]。米国
の国際平和研究所（International Peace Institute）は，その報告書において，欧州

部隊がほぼ皆無であるサハラ以南で展開中の国連最大級の PKO では，いわゆるソフト面においてもハード面においても支柱の役割を果たす部隊が存在せず，その活動能力の著しい欠如がその任務の遂行に影響を与えていると述べた [35]。

　実際に国連 PKO において相対的に欠落している軍事能力は，部隊間相互運用能力（interoperability），インテリジェンス（機密情報）主導の活動，そして軍用ヘリコプター機などの空軍関連軍備である。とりわけ国連 PKO に対する要員派遣国の軍用ヘリコプターの提供数は必要水準に足していない。実際に 2011 年 4 月において，137 機必要とされたヘリコプター機の 56 機分は不足し

図表 7 - 10　国連 PKO におけるヘリコプター提供国とその数（2011 年 2 月）

国　　家	汎用ヘリコプター（基）	攻撃ヘリコプター	合　　計
商業用	111	0	111
インド	10	4	14
ウクライナ	8	3	11
バングラデシュ	9	0	9
ロシア	8	0	8
パキスタン	6	0	6
アルゼンチン	5	0	5
エチオピア	0	5	5
チ　リ	4	0	4
イタリア	4	0	4
ガーナ	3	0	3
南アフリカ	2	0	2
スペイン	2	0	2
ウルグアイ	2	0	2
合　　計	174	12	186

出典：Department of Field Support, the United Nations. Quoted from Center on International Cooperation（CIC）, "Assessing of Helicopter Force Generation Challenges for United Nations Peacekeeping Operations" Study, Workshop, and Consultations Report prepared by the Center on International Cooperation in partnership with the United States Global Peace Operation Initiative, December 2001, p. 3

第 7 章　国連平和維持活動と貢献国との現在の課題　◎── 165

ていた。この軍用ヘリコプター機の不足は，部隊の可動範囲，紛争抑止，後方
支援のみならず医療器具や負傷者の運搬にまで影響を与えた[36]。図表 7 - 10
は，2011 年 2 月における国連 PKO に軍用ヘリコプターを提供した国家である。

　汎用ヘリコプター（Utility Helicopter）は，一般に部隊の輸送や保護に使用さ
れる。攻撃ヘリコプター（Attack Helicopter）は，平和ミッションでは平和執行
活動に使用される。実際に本書で前述したアフリカ・コンゴでの MONUSCO
において M23 を追撃した FIB の活躍は，この攻撃ヘリコプターをはじめとす
る攻撃用装備に起因するところが多い[37]。しかし図表 7 - 10 で示す通り 2011
年 2 月の時点において軍用ヘリコプターを提供した欧州諸国は，イタリアとス
ペインのみであった。先進欧州諸国の国連 PKO への参加価値としてこの汎
用・攻撃ヘリコプターの提供が奨励される。

7 - 4　欧州部隊の国連 PKO での新たなチャレンジ： アフリカ・マリの国連 PKO（MINUSMA）

　欧州部隊は現在アフリカのマリに設立された国連 PKO，国連マリ多元統合
安定化ミッション（MINUSMA）で展開している。

　マリは，西アフリカの内陸国で，7 カ国（ニジェール，アルジェリア，ブルキナ
ファソ，モーリタリア，セネガル，ギニア，コートジボワール）に囲まれている。2012
年，それまで長く周縁に追いやられていたマリ北部に暮らすトゥアレグ族武装
勢力であるアザワド解放民族運動（MNLA）がさまざまなイスラム武装勢力と
同盟を組み，マリ北部を制圧した。そしてマリ中部地域に侵攻する脅威が高ま
り，2013 年 2 月フランス軍が介入し，北部主要都市からの反政府勢力の駆逐
に成功した。これは「セルヴァル作戦（Operation *Serval*）」と呼ばれている。そ
して 2013 年 4 月 25 日国連安保理決議 2100（2013）において，マリ北部の治安
回復や，人民保護，人道支援，民主選挙の準備等の包括的任務を伴った国連マ
リ多元統合安定化ミッション（MINUSMA）の設立を採択した。当初の要員規
模は 12,600 名であった。MINUSMA は，2012 年に設立された国連マリ事務所
（UNOM）という政治ミッションと西アフリカ諸国経済共同体（ECOWAS）に

よって編成されたアフリカ主導マリ国際支援ミッション（AFISMA）という軍事ミッションを統合する形で設立された。またフランス軍との協力関係下での活動も前提となっている。

MINUSMA の展開後もマリは，イスラム原理主義者による国連職員，外国人，さらにはマリ陸軍への攻撃が後を絶たず，MINUSMA の任務はその後対テロ活動の様相となった。

特筆すべきことにこのアフリカの MINUSMA に欧州 14 カ国の部隊 1,000 名以上が派兵されている。特殊部隊，ヘリコプターユニット，無人航空機，インテリジェンスチームなどの高度な軍事能力を伴った部隊が欧州諸国から派遣されている。さらに欧州諸国が，現地基地を建設する土木業務（Engineer Unit）も担当している。このような MINUSMA における「高水準で強化された」欧州部隊の存在が，マリ政府や紛争当事者に大きなシグナルを発している。

とりわけ欧州部隊が MINUSMA に貢献している顕著なものとして「全情報源融合ユニット（ASIFU）」がある。この ASIFU は，数々の情報を分析し軍事的インテリジェンスを確立する部署であり，国連においては新しい試みである。これはマリで台頭している「国家組織対非国家組織（テロリスト）という非対称な関係における脅威，いわゆる「非対象脅威」に遭遇する MINUSMA の任務を援助する重要な部署である。これは先ほど述べた特殊部隊，ヘリコプターユニット，無人航空機などが ASIFU に情報を提供することによって成し得る。

MINUSMA は，マリ北部一帯に広がる広大な砂漠地帯を横断することが必要になると考えられる。ヘリコプターなどの航空機での移動が可能でなければ MINUSMA の部隊は有用なものにならない。欧州部隊が提供しているヘリコプターは，C-130s，C-160s，チヌークヘリコプターなどの輸送機であり，これらは明らかにミッションの可動範囲を広げるとともに，医療や負傷者の運搬にも貢献した。

MINUSMA の指導層たちはこのような貢献が，欧州国家がもたらした政治的，外交的，開発的資源とともに MINUSMA が任務を成功させる機会を増大させると強調している。

第7章　国連平和維持活動と貢献国との現在の課題　◎── 167

　欧州部隊は，アフガニスタンから任務を終了し帰還し，そのなかでの上記の部隊の持つノウハウや専門性を MINUSMA に移行している。国連は，マリにおいて非対象的脅威が存在する地域に PKO 兵士が直面するという新しい環境に適応しなければならないが，この適応過程に時間を要した[38]。さらに蛇・トカゲなどによる危害や，マリの過酷な天候にも欧州部隊は苦しめられたという。

　それにもかかわらず欧州国家がマリの国連 PKO に従事する理由は処々ある。マリは，欧州諸国に向かう薬物密輸の経路にあたり，アルカイダ系を含むイスラム原理主義武装勢力が潜む国家である。また潜在的に欧州諸国への難民発生国でもある。このような懸念材料は，欧州諸国が UNIFIL に引き続き国連 PKO に部隊を復員させるには十分なものであった。またマリに欧州が自国の部隊を派遣させることにより，対テロ戦争の準備としての役割を果たし，西アフリカの越境犯罪やイスラム原理主義ネットワークの拡散を注視することができる。また ISAF から帰還した特殊部隊，戦闘部隊，平和執行や強化された平和活動に従事した要員とその技能は，またほかの平和活動の任務に貢献されるのが望ましい。そのような要員とその技能，またそれを運用管理していくシステムやノウハウを活用していかなければ，それらは徐々に退化していく。そのようなことは国家やその軍隊にとって望ましいものではない。

　MINUSMA の軍事司令官であるロレスガルド将軍（General Lollesgaard）は，MINUSMA における欧州諸国の関与が，欧州諸国の兵士にとって良い経験になり，爆破処理や航空機の操縦などの技能を他国部隊に訓練・指導する上でとても有益であったという。そして ISAF を経験したオランダやスウェーデンの欧州部隊は，その複雑なミッションに慣れ犠牲者も少ないという。そして欧州部隊からの派兵は，他国の MINUSMA への参加に対して大いなる「正当性（legitimacy）」を与えた。つまり MINUSMA が欧州部隊のような先進国の洗練された部隊が投入される国連 PKO であれば，それは自国の部隊も貢献する価値があるという考えを他国政府に抱かせることができるのである[39]。

　しかしながら現実においては，MINUSMA が展開するマリにおいて安定と平和への道のりは遠いといえる。これは北部掃討作戦を続けるフランス軍と連

携作戦をとり，かつ無人機を通じた情報収集作戦を行うなど，北部勢力の反政府勢力に対して敵対的な姿勢を取っているのが要因である[40]。バン・ギムーン国連事務総長による MINUSMA に関する報告書によると 2016 年上半期において，MINUSMA 兵士を標的にした武装集団からの攻撃は 15 件記録されており，その結果 5 人の MINUSMA 兵士が犠牲になった[41]。

　事務総長は，依然 MINUSMA は，攻撃ヘリコプター，汎用ヘリコプター，戦闘護衛大隊などの軍事能力に欠けており，装甲兵員輸送車やインテリジェンス分析官などの専門家の数も十分ではないと言及している[42]。

　しかし特筆すべきことに，上記のような状況下においてもパン事務総長は，欧士諸国の前例のない規模での MINUSMA への軍事要員および警察要員の派遣に注目し，継続的な支援を要請すると報告書で述べている[43]。

　MINUSMA は，対テロ戦争の様相を呈している状況下において，国際社会とその敵が対抗関係にあることが自明視される構造のなかで，国際社会の対抗勢力の対抗力形成の努力を高めるために設置された国連 PKO である[44]。いわゆる「合意」「中立」「最小限の武装」という国連 PKO の伝統的な 3 原則を超え，「強化された PKO」という典型的なポスト冷戦期の国連 PKO である。マリでの国際テロリズムの拡散を防ぐという目的においては，規模の明確な差異はあるものの ISAF の活動と類似する。そのような意味においても ISAF での豊富な任務を持つ欧州部隊の投入は必然的であるとも考えられる。国連 PKO である MINUSMA は，地域機構である ECOWAS 主導の AFISMA では軍事能力としては不十分である理由から投入されたが，NATO 主導の軍隊を投入するほどの国際的な政治意思を持ち合わせていないマリの紛争状況のなかで，いわば折衷案として見出されたミッションであると考えられる。よってこのような対テロ作戦として考案され設立される国連ミッションにおいては欧州部隊の投入の需要はこれからも高まると予想される。しかしながらこの MINUSMA において欧州部隊の犠牲者が多数発生し，またこのマリでの国際社会における対テロ政策がとん挫することとなると欧州諸国の国連 PKO 派兵に対する意思が低下していくであろう。MINUSMA における国連 PKO としての成果が，欧州部隊の今後の国連 PKO への継続的な貢献を期待する上では重

第 7 章　国連平和維持活動と貢献国との現在の課題　◎── 169

要になってくると考えられる。

【注】

1) James A. *Comparative Aspects of Peacekeeping, The Dispatching End – The Receiving End,* a paper written for National Center for Middle East Studies, Cairo and the Jeffee Center for Strategic Studies, Tel Aviv University, 1995, p. 1

2) たとえば 1993 年 6 月 5 日，UNOSOM II のパキスタン兵士とアイディード将軍率いる武装勢力との銃撃戦の結果多数の国連側の犠牲者を出した。また同年 10 月 3 日，同武装勢力によりアメリカのレインジャー部隊が襲撃され多数のアメリカ兵が犠牲になった。

3) Bellamy A. J. and Williams P. D."Introduction：The Politics and Challenges of Providing Peacekeepers" in Bellamy A. J. and Williams P. D.（eds.）*Providing Peacekeepers: The Politics, Challenges, and Future of United Nations Peacekeeping Contributions*（Oxford：Oxford University Press, 2013), pp. 18-21

4) Crow S. "Russian Seeks Leadership in Regional Peacekeeping", *International Relations,* Vol. 1, No. 37, 18 September 1992, p. 40

5) Interview with Mattan Kamaruddin, at Malaysian High Commission in London, in April 1998

6) Kane A. "Other new and emerging peacekeepers" in Findlay T.（ed.）*Challenges for the New Peacekeepers*（Solona, Sweden：Stockholm International Peace Research Institute（SIPRI），1996), p. 118

7) 有志連合は，紛争解決手段において 1990 年時代以降，国連 PKO の形態をとらず，かつその地域の概念にとらわれない意思と能力に基づく連携関係の称をいう。2001 年のアメリカ同時多発テロ直後のアフガニスタンスタンへの介入や 2003 年のイラク戦争などの対テロ戦争の惨禍諸国に使用されることが多い。

8) UN Document A/59/565, *Report of the Secretary-General's High-level Panel on Threats, Challenges and Change "A More Secure World: Our Shared Responsibility",* 2 December 2004, para. 220

9) UN Document A/59/2005, *Report of the Secretary-General, "In larger freedom: towards development, security and human rights for all",* 21 March 2005, para. 213

10) Keatinge P. *European Security: Ireland's Choice*（Dublin：Institute of European Affairs, 1996），p. 43

11) Annual Report from the High Representative of the European Union for Foreign Affairs and Security Policy to the European Parliament, 2 December 2013, p. 158

170 ──◎

12) Durch W., "The United Nations and NATO : Comparing and Contrasting Styles and Capabilities in the Conduct of Peace Support Operations", in Jean-Jacque de dardel, Gustenau G. and Pantev P. (eds.) *Post-Conflict Rehabilitation: Lessons from South East Europe and Strategic Consequences for the Euro-Atlantic Community,* (Vienna and Sophia : Study Group Information, 2006), p. 25

13) Ibid. p. 27

14) Kenkel K. M. "Contributor Profile : Germany" Providing for Peacekeeping, International Peace Institute, http://www.providingforpeacekeeping.org/profiles. accessed on 10 May 2015

15) Coleman K. P. "Token Troop Contributions to United Nations Peacekeeping Operations in Bellamy A. J. and Williams P. D. *Providing Peacekeepers: The Politics, Challenges, and Future of United Nations Peacekeeping Contributions* (Oxford : Oxford University Press, 2013) , p. 50

16) Brosig M. "EU Peacekeeping in Africa : From Functional Niches to Interlocking Security", *International Peacekeeping,* Vol. 21, No. 1, 2014, p. 79

17) European External Action Service 2015. http://eeas.europa.eu/csdp/missions-and-operations/index_en.htm. Accessed on 5 May 2015

18) Ibid. p. 831

19) Ibid. p. 850

20) Kenkel K. M. "Conntributor Profile : Germany" Providing for Peacekeeping, International Peace Institute, http://www.providingforpeacekeeping.org/profiles. Accessed on 10 May 2015. Giegerich A. "Europe : Looking Near and far", in Donald C. Danniel F.,Taft P.and Wiharta S. (eds.) *Peace Operations: Trend, Progress, and Prospects* (Washington D.C. : Georgetown University Press, 2008), p. 129

21) Malan M. "Africa : Building Institutions on the Run", in Donald C. Danniel F., Taft P. and Wiharta S. (eds.) *Peace Operations: Trend, Progress, and Prospects* (Washington D.C. : Georgetown University Press, 2008), p. 101

22) Boutellis A. and Williams P. D. "Peace Operations, African Union, and the United Nations : Toward More Effective Partnerships", Working Paper, International Peace Institute, April 2013, pp. 8-12

23) Dijkstra H. "The Military Operation of the EU in Chad and the Central African Republic : Good Policy, Bad Politics", *International Peacekeeping,* Vol. 17, No. 3, June 2010, p. 395

24) Cutillo A. "Contributor Profile : Italy", Providing for Peacekeeping, International Peace Institute, http://www.providingforpeacekeeping.org/profiles. Accessed on 10 May

第 7 章　国連平和維持活動と貢献国との現在の課題　◎—— 171

2015.

25）Tardy T."Contributor Profile：France", Providing for Peacekeeping, International Peace Institute, http://www.providingforpeacekeeping.org/profiles.　Accessed on 10 May 2015.

26）Williams P. D. "Country Profile：the United Kingdom", Providing for Peacekeeping, International Peace Institute, http://www.providingforpeacekeeping.org/profiles. Accessed on 10 May 2015.

27）Malte Brosig "EU Peacekeeping in Africa：From Functional Niches to Interlocking Security", *International Peacekeeping*, Vol. 21, No. 1, 2014, p. 84

28）James A. *Peacekeeping in International Politics* (London：Macmillan, 1990), pp. 368-369

29）Ibid. p. 369

30）Doyle M. and Sambanis N. *Making War and Building Peace* (Princeton and Oxford：Princeton University Press, 2008), p. 335

31）Bellamy A., Williams P. and Griffin S., *Understanding Peacekeeping* (Cambridge：Polity, 2004), p. 41

32）Gray C. "Peacekeeping and enforcement action in Africa：the role of Europe and the obligations of multilateralism", *Review of International Studies*, Vol. 31, 2005, pp. 222-223

33）Ibid. p. 221

34）たとえばコンゴ民主共和国駐留の UNHCR の職員が，MONUSCO に駐留中の南アフリカとタンザニア出身の将校および兵士は明らかにビジネスを行うために MONUSCO に任務していると証言した。Yonekawa M. "Challenges of Peace-building in Rwanda and Congo：Nature of th eworld's most complex emergencies and the role of the UN", a presentation paper at Global Peace-building Forum, Tokyo, 30 May 2015

35）International Peace Institute (IPI), "Enhancing European Military and Police Contributions to UN Peacekeeping", IPI Working Paper, February 2013, p. 1

36）Center on International Cooperation (CIC), "Assessment of Helicopter Force Generation Challenges for United Nations Peacekeeping Operations", Study, Workshop, and Consultations Report prepared by the Center on International Cooperation in partnership with the United States Global Peace Operation Initiative, December 2001, p. i

37）Inter Press Service, "U.N. Peacekeeping Goes on the Offence" 13 November 2013. http://www.ipsnews.net/2013/11/u-n-peacekeeping-goes-on-the-offensive/ accessed on 5 June 2015

38）Karlsrud J. and Smith A. C. "Europe's Return to UN Peacekeeping in Africa Lesson from Mali", *Providing For Peacekeeping*, No. 11, International Peace Institute, July 2015

39) Leimbach D. "Snake, Scopions and Red Tape：Europeans Adjust to the UN Mission in Mali", *Pass Blue, Covering the UN,* Ralph Bunch Institute, City University of New York Graduate Center, 11 February 2016

40) 篠田英朗「国連 PKO における普遍性原則と国際社会の秩序意識の転換」広島平和科学 36, 2014 年　p. 35

41) UN Document S/2016/498 *Report of the Secretary-General on the situation in Mali,* 31 May 2016, para. 16

42) Ibid. paras. 57-58

43) Ibid. p. 92

44) 篠田英朗「国連 PKO における普遍性原則と国際社会の秩序意識の転換」p. 35

総　括（結びに代えて）

　本書は，国連PKOについて焦点を当て，その設立時から現在に至るまで代表的なケースを交えて論じてきた。1988年ノーベル平和賞を受賞し国際紛争解決手段として今や不可欠である国連PKOは，さまざまに形態を変えながらも現在も色あせることなく国際社会という舞台で活躍している。一方で本書が述べてきたように国連PKOにはどの時代にもさまざまな課題が残されており，苦難や挑戦の道を歩んできたともいえる。

　本書は，国連PKOを3つのタイプに分類してきた。停戦監視を主な業務とする伝統的な国連PKO，国家構築を目的とする複合型国連PKO，そして残酷な非人道行為に対応する武力行使型国連PKOの3タイプである。

　東西冷戦時代に多く見られた伝統的な国連PKOは，「合意」「中立」「最小限の武装」というPKOの主要3原則を土台とした国連PKOの原点といえるものである。敵対する2つ国家間において，停戦後に文字通りに「今ある平和を維持する」ことを主な任務をしている。いい換えれば「現状を維持」している限り任務を果たしていることになる。つまり見える効果が把握しづらい伝統的な国連PKOは，ややもすると際立った評価を受けづらい。しかしながら目に見えなくとも敵対レベルの軽減や，国連に「顔を立てること」によって停戦期間が長くなるにつれて国家間の関係も向上すると考えられる。たとえば本書で扱ったUNEF I，UNEF II やUNFYCIPがなければ，シナイ半島を含んだイスラエルとアラブ諸国の関係や，キプロス島でのギリシャ系住民とトルコ系住民との関係は悪化していたに違いない。しかし伝統的な国連PKOが任務を全うしているためには，関係国の協力が不可欠である。イスラエルとアラブ諸国が再び戦闘状態になる計画の下にUNEF I はいとも簡単に任務を終了し，イスラエルの強い意志のもとにレバノンに軍事侵入した際にもUNIFILはそれを防ぐことができなかった。いい換えれば，受け入れ国家の強い政治的意思

や軍事的決断が国連 PKO の任務に相反したり，国連 PKO を裏切ることになったら，国連はそれに従うしかないということである。3 原則の「合意」の部分が伝統的な国連 PKO ではいかに重要であるかが認識される。さらに伝統的国連 PKO では，その撤退するタイミングが難しい。現実に 1960 年代に設立された UNFYCIP や 1970 年代に設立された UNIFIL は，その規模の変化はあれ，現在でも任務は継続されている。UNEF II に取って代わった非国連 PKO である MFO も現在でも駐留されている。伝統的国連 PKO は，目に見える効果や現在の平和維持の「進捗状況」も把握しづらいために，撤退の時期も決定しづらいといえる。しかし停戦監視という比較的基本的な任務であるがゆえに財政的な負担も大きくはないために，この伝統的 PKO は設立された後は，いわゆる「細く長く」活動し，その地域の安定化のために貢献することが多い。

またポスト冷戦期において残酷な民族・宗教紛争によって崩壊した国家をつくり直す，いわゆる国家構築を目的とした複合型国連 PKO は，伝統的な国連 PKO と比較し，任務の範囲が大幅に拡大された。また伝統的国連 PKO と異なり，その効果や最終目的も明快であり，任務終了時期も判断しやすい。本来大国主導の安全保障理事会の採決によって設立される国連 PKO というものは，安全保障の改善を主目的とするもので，民主化支援や人道支援，さらには人権擁護のような文民活動を多用する複合型ミッションの活動は当初は不慣れであったと考えられる。実際に東ティモールの UNTAET においても細部にわたり調査することによって，さまざまな課題が浮き彫りになった。また伝統的国連 PKO と異なり，複合型・国家構築型国連 PKO はその活動内容のためにさまざまな活動経費がかかる。よって国連のみならず大国を中心とするさまざまなドナーの献身的な努力も必要であり，NGO の積極的な参加も全体のミッションにとっては重要である。しかしその国家構築のプロセスにおいて国内全体に「国をつくり直す」というコンセンサスが芽生えればその国連 PKO は比較的に大きな困難もなく進んでいけると考える。結果的に成功した事例と考えられるナミビアの UNTAG や東ティモールの UNTAET もこの部分によるところが大きい。一方で最後まで平和プロセスに敵意を抱いていたクメール・

総　括（結びに代えて）　◎── 175

ルージュを抱えていたカンボジアの UNTAC では総選挙の当日でも緊張感が
広がっていたなどの課題を抱えていた。このような国家構築型ミッションの成
功の是非はその撤退後のその国家の状況によっても判断できよう。ここでも東
ティモールとナミビアにおいては良好な国つくりが継続されたことに対して，
カンボジアでは一政治家による長期政権が続くなど民主化社会の形成において
その完成度が問われた。ポスト冷戦期初頭に見られた民族紛争や宗教戦争も沈
静化された。そしてこの国家構築型国連 PKO によって国家再建が進み，現在
では緊急人道支援や人権擁護よりも安定期においてのポスト紛争期の平和構築
が重要になる。具体的には民主化社会の形成のほかにも，本書でも述べた国内
軍隊や警察を育成する SSR や武装集団の武装解除や社会復帰を目的とする
DDR の任務に国連 PKO がいかに良好にかかわっていくかが大きな課題にな
るであろう。

　最後に武力行使型国連 PKO に関しては，大きな課題が残されている。本書
でも批判的な部分が多かったといえる。この武力行使型国連 PKO が投入され
る地域は，国家が崩壊しているだけではなく，そこに残る複数の武装勢力集団
がこの国連 PKO に忠誠心など示さずに非人道的な戦争犯罪を繰り返している
からである。そこで「そもそもそのような地域や国家に国連 PKO の需要があ
るのか」という疑問が生じてくる。その疑問に対する答えは「Yes」，つまり
国連 PKO はそのような無秩序的，かつ暴力的な地域に武力をもってしても介
入する必要があるであろう。これは本書でも述べたように，現在の国際社会は
「人道的介入」「人間の安全保障」「保護する責任」という規範的概念の広がり
によって理想主義的な倫理観が広がっていることがその理由のひとつである。
実際に武力行使による十分な文民保護をせずに結果的に大量虐殺を許してし
まったルワンダの UNAMIR は国際社会から大きな批判を受けた。現実主義的
な地政学上などの理由から大国などの諸外国が身を引き，国連がその介入の主
導的な立場にならざるを得ないのも国連の武力行使型 PKO に積極的に介入す
る理由も存在する。しかし武力行使を伴う平和強制活動では，PKO の 3 原則
は維持できずに，国連が中立性を失う「単なる新たな武装集団」というレッテ
ルを張られてしまう恐れがある。そのような背景からソマリアやコンゴでの国

連PKOはまったく成功には至っていない。さらにポスト冷戦期における武力行使型国連PKOには，文民保護が大きな任務の1つになる。実際にソマリアにしてもコンゴにしてもPKO兵士がさまざまな軍事作戦を伴いながら文民を保護してきた。しかしその保護範囲にも限界があり，さらに文民をある一定規模で保護してもそれが全体の政治的解決やミッションの改善につながらないところは厳しい現実であった。

このような武力行使型国連PKOがその機能を適切に果たすには，その国連PKOにおいても適切な規模での適切な武装をすることが必要である。さらには本書でも述べているように，NATO，EU，AUのような地域機構による軍事介入が事前に，または国連PKOと並行に展開されることが要求されよう。武力行使型国連PKOが，PKO3原則を維持できないのは致し方ない。しかし国連という「道徳的権威者（moral authority）」が展開するPKOは，それがたとえ武力を行使するとしても，PKO3原則から大きくかけ離れているミッションになってしまうとその存在意義も問われてくるのではないか。国連と地域機構との分業体制が今後重要になってくると思われる。そして武力行使のミッションは，それがいつ終了すべきかという「出口戦略」も事前に明確にする必要があろう。

また本書は，国連PKOに関しての新たな問題を提起した。すなわち国連PKOに対する国際社会の需要が減退していないにもかかわらず，先進国，とりわけ欧州諸国の「国連PKO離れ」が顕著であるという問題である。これは欧州諸国がEUやNATOなどの地域機構の軍事介入や平和活動に従事せざるを得ないという事情も考慮されるべきである。しかし欧州諸国も国連加盟国の一員であり，またアフリカ・マリでのMINUSMAに見るような，今後新しい「対テロ戦争」の様相を含んだ国連PKOでは，インテリジェンス機能やヘリコプター装備といった高度な機能が要求され，欧州諸国の国連PKOへの積極的な回帰が期待される。

最後に，伝統的国連PKO，国家構築型国連PKO，武力行使型国連PKO，そして潜在的な対テロ戦争を含んだ国連PKO，といったすべての国連PKOが成功裏にその任務を終了する上で共通の必要事項は，国際社会の意思であろ

う。本書で成功例として紹介したシナイ半島の UNEF II，ナミビアの
UNTAG，そして東ティモールの UNTAET には，アメリカなどの大国を含め
た国際社会の強い政治的意思が窺えた。2006 年以降のレバノンの UNIFIL に
も欧州諸国の政治的意思もあり，その後大きな紛争などは起きていない。武力
行使型国連 PKO においてもシエラレオネでの UNAMSIL の成功もアメリカや
イギリスの支援を受けたことが大きい。

　国連 PKO の歴史は，試行錯誤の連続であり，さまざまな挑戦の歴史でも
あった。本書は国連 PKO をその歴史と共に，主要なケースを用いて紹介し，
議論し，分析し，それをいかに発展させ最大限に活用すべきかを考えてきた。
本書が今後の国際紛争解決のための一助になれば幸いである。

省略形一覧

AFD：Allied Democratic Forces 民主同盟軍（コンゴ）

AFISMA：African-led International Support Missin in Mali

AFP：Agence France-Presse

ANC：Armee Nationale Congolaise コンゴ国民軍

APCLS：Alliance des Patriotes Pour un Congo Libre et Souveran 愛国者同盟（コンゴ）

ASIFU：All Sources Information Fusion Unit 全情報源融合ユニット

AU：African Union アフリカ連合

CAR：Central African Republic 中央アフリカ共和国

CFSP：Common Foreign and Security Policy 欧州連合共通外交・安全保障政策

CIC：Center on International Cooperation

CIVPOL：Civilian Police 文民警察官

CNRT：The National Council for Timorese Resistance ティモール抵抗民族評議会

CSDP：Common Security Defense Policy 欧州連合共通安全保障・防衛政策

DFF：De Facto Force 実質軍（イスラエル・レバノン）

DDR：Disarmament, Demobilization and Reintegration 武装解除・動員解除・社会復帰プログラム

DDRR：Disarmament, Demobilizatin , Repatriation and Rehabilitation 武装解除・動員解除・社会復帰プログラム

DPKO：Department of Peacekeeping Operations 国連 PKO 局

DRC：Democratic Republic of Congo コンゴ民主共和国

ECOMOG：Econmic Community of Western African States Monitoring Group 西アフリカ諸国経済共同体監視団

ECOWAS：The Economic Community of West African States （西アフリカ諸国経済共同体）

ETTA：East Timor Transitional Administration 東ティモール暫定統治機構

EU：European Union 欧州連合

EULEX：European Union Rule of Law Mission in Kosovo 欧州連合・法の支配ミッション

EUTM：European Union Training Mission

FARDC：Armed Force of the Democratic Republic of the Congo コンゴ民主共和国軍

FDLR：Democratic Forces for the Liberation of Rwanda ルワンダ解放民主軍

F-FDTL：Falintil-Forcas Defensa Timor Lorosa'e ka 東ティモール国防軍

FIB：Force Intervention Brigade 介入旅団

FNI：Forces Nationaliste et Interrationistes コンゴ愛国統一戦線

FNLA：National Liberation Front of Angola アンゴラ民族解放戦線

FYROM：Former Yugoslav Republic of Macedonia マケドニア旧ユーゴスラビア共和国

ICG：International Crisis Group　国際危機グループ

ICGLR：Internatinal Conference for the Great Lakes Region 大湖地域国際会議

ICRC：International Committee of the Red Cross 国際赤十字

IDA：International Development Association（IDA）

IEMF：Interim Emergency Multinational Force 暫定緊急多国籍軍（EU）

IFOR：Implementation Force 和平履行部隊

IISS：International Institute for Strategic Studies（UK）

INTERFET：多国籍軍（東ティモール）

IOM：国際移住機関

IPI：International Peace Institute 国際平和研究所

IRA：Irish Republican Army アイルランド共和軍

ISAF：International Security Assistance Force 国際治安支援部隊

KFOR：Kosovo Force 国際安全保障部隊

LNM：Lebanese National Movement レバノン国民活動

MFO：Multinational Force and Observers 多国籍監視団

MINURSO：United Nations Mission for the Referendum in Western Sahara 国連西サハラ
　　住民投票監視団

MINUSCA：国連中央アフリカ多面的統合安定化ミッション

MINUSMA：United Nations Multidimentional Integrated Stabilization Mission in Mali 国連
　　マリ多面的統合安定化ミッション

MINUSTAH：国連ハイチ安定化ミッション

MPLA：Movimento Popular de Libertacao de Angola アンゴラ解放人民運動

MONUC：United Nations Mission in the Democratic Republic of Congo 国連コンゴ民主共
　　和国ミッション

MONUSCO：United Nations Organization Stabilization Mission in the Democratic Republic
　　of Congo 国連コンゴ民主共和国安定化ミッション

MOU：Memonrandum of Understanding 覚書

MNLA：National Movement for Liberation of Azawad アザワド解放民族運動（マリ）

NAM：Non-Aligned Movement 非同盟運動

NATO：North Atlantic Treaty Organization 北大西洋条約機構

NGO：Non-government Organization 非政府組織

NPFL：National Patriotic Front of Liberia リベリア国民愛国戦線

OAU：Organization of African Unity アフリカ統一機構

OGL：Observer Group Lebanon レバノン監視グループ

ONUC：Operationdes Nations Uniesau Congo 国連コンゴ活動

ONUSAL：United Nations Observer Mission in El Salvador 国連エルサルバドル監視団

OSCE：The Organization for Security and Co-operation in Europe 欧州安全保障協力機構

PDD-25：（米）大統領決定指令

PKF：Peacekeeping Force 平和維持隊

PKO：Peacekeeping Operations 平和維持活動

PLAN：People's Liberation Army of Namibia ナミビア人民自由軍

PLO：Palestinian Liberation Organization パレスチナ解放機構

RPF：Rwandan Patriotic Front ルワンダ愛国戦線

RUF：Revolutionary United Front 革命統一戦線（シエラレオネ）

SADC：South African Development Community 南アフリカ開発共同体

SADF：South Africa Defense Force 南アフリカ防衛軍

SFOR：Stabilization Force 平和安定化軍

SLA：South Lebanese Army 南レバノン軍

SNA：Somali National Alliance ソマリア国民同盟

SSR：Security Sector Reform 治安部門改革

SWAPO：South West Africa People's Organization 南西アフリカ人民機構

TNDF：Transitional National Defence Force 暫定国家防衛軍（東ティモール）

UNAMA：United Nations Assiatance Mission in Afghanistan 国連アフガニスタン支援ミッ
ション

UNAMET：United Nations Mission in East Timor 国連東ティモールミッション

UNAMID：African Union/United Nations Hybrid Operation in Darfur ダルフール国連・
AU 合同ミッション

UNAMIR：United Nations Assistance Mission for Rwanda 国連ルワンダ支援団

UNAMSIL：United Nations Mission in Sierra Leone 国連シエラレオネ派遣団

UNAVEM：United Nations Angola Verification Mission 国連アンゴラ監視団

UNDOF：United Nations Disengagement Observer Force 国連兵士引き離し監視隊

UNDP：United Nations Development Program 国連開発計画

UNEF I：First United Nations Emergency Force 第 1 次国連緊急隊

UNEF II：Second United Nations Emergency Force 第 2 次国連緊急隊

UNFICYP：United Nations Peacekeeping Force in Cyprus 国連キプロス平和維持隊

UNHCR：United Nations High Commisssioner for Refugees 国連難民高等弁務官事務所

UNIFIL：United Nations Interim Force in Lebanon 国連レバノン暫定駐留軍

UNIPOM：United Nations India Pakistan Observer Mission 国連インド・パキスタン監視団

UNISFA：United Nations Interim Security Force for Abyei 国連アビエ暫定治安部隊

UNITA：The National Union for the Total Independence of Angola アンゴラ全面独立民族同盟

UNITAF：Unified Task Force 多国籍軍・統合任務部隊

UNMIK：United Nations Interim Administration Mission in Kosovo 国連コソボ暫定行政ミッション

UNMIS：United Nations Missions in Sudan 国連スーダン派遣団

UNMISET：United Nations Missionof Support in East Timor 国連東ティモール支援ミッション

UNMISS：United Nations Mission in the Republic of South Sudan 国連南スーダン派遣団

UNMIT：United Nations Integrated Mission in Timor-Leste 国連東ティモール統合ミッション

UNMO：United Nations Military Observers 国連軍事監視団

UNMOGIP：国連インド・パキスタン軍事監視団

UNMOT：United Nations Mission of Observer in Tajikistan 国連タジキスタン監視団

UNOCI：United Nations Operation in Cote d'Ivoire 国連コートジボワール活動

UNOGIL：United Nations Observation Group in Lebanon 国連レバノン監視団

UNOMIL：United Nations Observer Mission in Liberia 国連リベリア監視団

UNOM：United Nations Office in Mali 国連マリ事務所

UNOMIG：United Nations Observer Mission in Georgia 国連ジョージア監視団

UNOMSIL：United Nations Observers Mission in Sierra Leone 国連シエラレオネ監視団

UNOSOM：United Nations Operations in Somalia 国連ソマリア活動

UNOTIL：United Nations Office in Timor-Leste 国連東ティモール事務所

UNPROFOR：United Nations Protection Force 国連保護隊

UNRWA：United Nations Relief and Work Agency for Palestine Refugees in the Near East パレスチナ難民救済事業機関

UNTAC：United Nations Transit Authority in Cambodia 国連カンボジア暫定統治機構

UNTAET：United Nations Transitional Administration in East Timor 国連東ティモール暫定統治機構

UNTAG：United Nations Transition Assistance Group 国連ナミビア独立支援グループ

UNTSO：United Nations Truce Supervision Organization 国連休戦監視機構

UNYOM：United Nations Yemen Observation Mission 国連イエメン監視団

UPC：the Union of Congolese Patriots コンゴ愛国同盟

WFP：World Food Program 世界食糧計画

使用文献

【和文文献】

池上彰『わからなくなった世界情勢の読み方』講談社 2001 年

石塚勝美『国連 PKO と平和構築－国際社会にける東ティモールへの対応』創成社 2008 年

内田孟男（編）『地球社会の変容とガバナンス』中央大学出版部 2010 年

外務省『国連コソボ暫定行政ミッション：United nations Interim Administration Mission in Kosovo（UNMIK）』2016 年 4 月

川端正久・武内進一・落合雄彦『紛争解決・アフリカの経験と展望』ミネルヴァ書房 2010 年

香西茂『国連の平和維持活動』有斐閣 1991 年

世界情勢探究会『世界紛争地図』角川 SSC 新書 2010 年

篠田英朗「国連 PKO における普遍性原則と国際社会の秩序意識の転換」広島平和科学 36, 2014 年

高井晋『国連 PKO と平和協力法』真正書籍，1995 年

花田吉隆『東ティモールの成功と国造りの課題－国連の平和構築を越えて』創成社 2015 年

古藤晃『世界の紛争ハンドブック』研究社 2002 年

毎日新聞社外信部（編著）『世界の紛争がよくわかる本』東京書籍 1999 年

米川正子『世界最悪の紛争「コンゴ」‐平和意外に何でもある国』創成社 2010 年

21 世紀研究会編『民族の世界地図』文藝春秋 2000 年

【英文文献】

Aall P. "NGO's, Conflict Management and Peacekeeping", *International Peacekeeping,* Vol. 7, No. 1, Spring 2000

Adebajo A., *UN Peacekeeping in Africa: From the Suez Crisis to the Sudan Conflicts* (Boulder：Lynne Rienner Publishers, 2011)

Ahere J. "The Peace Process in the DRC：A transformation Quagmire", *Policy & Practice Brief,* Issue 20, December 2012

Albright M. K., Lake A., and Lieutenant General Clark W. *Executive Summary: The Clinton Administration's Policy on Reforming Multilateral Peace Operations,* 5 May 1994

Amnesty International, *East Timor: Building a New Country Based on Human Rights*, 29 August 2000

Annan K. "UN Peacekeeping Operations and Cooperation with NATO", *NATO Review*, Vol. 41, No. 5, October 1993

Annan K. "Peace Operations and the United Nations : Preparing for the Next Century", An unpublished paper, New York, February 1996

Beauvais J. "Benevolent Despotism : A Critique of UN State-Building East Timor", *International Law and Politics*, Vol. 33, No. 4, 2000

Bellamy A. J. and Williams P. D. (eds.) *Providing Peacekeepers: The Politics, Challenges, and Future of United Nations Peacekeeping Contributions* (Oxford : Oxford University Press, 2013)

Bellamy A. J. and Williams P. D. "The West and Contemporary Peace Operations", *Journal of Peace Research*, Vol. 46, No. 1, 2009

Bellamy A. J., Williams P., and Griffin S. *Understanding Peacekeeping* (Cambridge : Polity, 2004)

Boulden J. *Peace Enforcement: The United Nations Experience in Congo, Somalia, and Bosnia* (Westport : Praeger, 2001)

Chawla S. "Shaping East Timor : A Dimension of United Nations Peacekeeping", *Strategic Analysis*, Vol. 24, No. 12, March 2001, http://www.ciaonet.org/olj/sa/sa_mar01.html

Curtis W. "The Inevitable Slide into Coercive Peacemaking : The UN Role in the New World Order", *Defence Analysis*, Vol. 10, No. 3, 1994

Boutellis A. and Williams P. D. "Peace Operations, African Union, and the United Nations : Toward More Effective Partnerships", Working Paper, International Peace Institute, April 2013

Brosig M. "EU Peacekeeping in Africa : From Functional Niches to Interlocking Security", *International Peacekeeping*, Vol. 21, No. 1, 2014

Burrnley C. "Natural Resources Conflict in the Democratic Republic of the Congo : A Question of Governance?" *Sustainable Development Law & Policy*, Vol. 12, Issue 1

Center on International Cooperation (CIC), "Assessment of Helicopter Force Generation Challenges for United Nations Peacekeeping Operations", Study, Workshop, and Consultations Report prepared by the Center on International Cooperation in partnership with the United States Global Peace Operation Initiative, December 2001

Chawla S. "Shaping East Timor : A Dimension of United Nations Peacekeeping", *Strategic Analysis*, Vol. 24, No. 12, March 2001, http://www.ciaonet.org/olj/sa/sa_mar01.html

Chesterman S. "Justice Under International Administration : Kosovo, East Timor, and

Afghanistan, *An International Academy Report,* September 2002

Chesterman S. *You, The People: The United Nations, Transitional Administration, and State-Building* (Oxford, Oxford University Press, 2004)

Childers E. "Peacekeeping's Great Power Handicap", *War Report,* Issue 28, September 1994

Chopra J. "The UN's Kingdom of East Timor", *Survival,* Vol. 42, No. 3, Autumn 2000

Cohen D. "Seeking Justice on the Cheap : Is the East Timor Tribunal Really a Model for the Future?", *Analysis from the East-West Center,* No. 61, August 2002

Cordier A. W. and Foote W. (eds.), *The Public Papers of the Secretary-General of the United Nations, Vol. 5: Dag Hammarsjold 1958-1960* (New York : Columbia University Press, 1974)

Cox D. and Legault A. (eds.) *UN Rapid Reaction Capabilities: Requirements and Prospects* (Clementsport : The Canadian Peacekeeping Press, 1995)

Crow S. "Russian Seeks Leadership in Regional Peacekeeping", *International Relations,* Vol. 1, No. 37, 18 September 1992

Cutillo A. "Contributor Profile : Italy", Providing for Peacekeeping, International Peace Institute, http://www.providingforpeacekeeping.org/profiles. Accessed on 10 May 2015

Daniel D. C. F.,Taft P.and Wiharta S. (eds.) *Peace Operations: Trend, Progress, and Prospects* (Washington D.C. : Georgetown University Press, 2008)

Diehl P. F. *International Peacekeeping* (Baltimore and London : The Johns Hopkins University Press, 1993)

Dijkstra H. "The Military Operation of the EU in Chad and the Central African Republic : Good Policy, Bad Politics", *International Peacekeeping,* Vol. 17, No. 3, June 2010

De Koning R. "Controlling Conflict Resources in the Democratic Republic of the Congo", *SIPRI Policy Paper,* July 2010

Doyle M. W., Johnstone I., and Orr R. C. (eds.) *Keeping the Peace: Multidimensional UN Operations in Cambodia and El Salvador* (Cambridge : Cambridge University Press, 1997)

Doyle M. and Sambanis N. *Making War and Building Peace* (Princeton and Oxford : Princeton University Press, 2008)

Durch W. J. (ed.) *The Evolution of UN Peacekeeping* (New York : St. Martin's Press, 1993)

Durch W. J. (ed.) *Twenty-First-Century* Peace Operations (Washington DC : United States Institute of Peace, 2006)

Durch W. J. (ed.) *UN Peacekeeping, American Policy, and the Uncivil Wars of the 1990s* (London : Macmillan, 1997)

Erskine E. A. *Mission with UNIFIL* (New York : St. Martin's Press, 1989)

Fabian L. L. *Soldiers without Enemies* (Washington D.C. : The Brooking Institute, 1971)

Fetherson A. B. *Toward a Theory of United Nations Peacekeeping* (London : Macmillan, 1994)

Gberie L. "Intervention Brigade : End Game in the Congo? : UN peacekeeping task enters a new phase", *African Renewal*, August 2013. http://www.un.org/africarenewal/magazine/august-2013. Accessed on 24 March 2016

Findlay T. (ed.) *Challenges for the New Peacekeepers* (Solona, Sweden : Stockholm International Peace Research Institute (SIPRI) , 1996)

Gorjao P. "The East Timorese Commission for Reception, Truth and Reconciliation : Chronicle of a Foretold Failure?", *Civil Wars*, Vol. 4, No. 2, Summer 2001

Gorjao P. "The Legacy and Lessons of the United Nations Transitional Administration in East Timor", *Contemporary Southeast Asia*, Vol. 24, No. 2, August 2002

Goodrich L. *The United Nations* (London : Steven and Sons, 1960)

Gray C. "Peacekeeping and enforcement action in Africa : the role of Europe and the obligations of multilateralism", *Review of International Studies*, Vol. 31, 2005

Hartz H. "CIVPOL : The UN Instrument for Police Reform", *International Peacekeeping*, Vol. 6, No. 4, Winter 1999

Heiberg M. "Observations on UN Peace Keeping in Lebanon", Norsk Utenriksppolitisk Institutt, Working Paper No. 305, September 1984

Hills A. "International Peace Support Operations and CIVPOL : Should there be a permanent Global Gendarmerie?", *International Peacekeeping*, Vol. 5, No. 3, Autumn 1998

Hiscocks R. *The Security Council* (London : Longman, 1973)

Holt V. K. and Berkman T. C. "The Impossible Mandate? Military Preparedness, The Responsibility to Protect, and Modern Peace Operations", The Henry L. Stimson Center, September 2006

Institute for Security Studies, "Is the Force Intervention Brigade neutral?", *ISS Today*, 27 November 2014

Inter Press Service, "U.N. Peacekeeping Goes on the Offence" 13 November 2013. http://www.ipsnews.net/2013/11/u-n-peacekeeping-goes-on-the-offensive/ accessed on 5 June 2015

International Institute for Strategic Studies (IISS) *Military Balance* 2012

International Peace Academy, *Peacekeeper's Handbook*, New York 1978

International Peace Academy, Conference Report, *You, the People: Transitional Administration, State-Building and the United Nations*, Chadborne & Parke, New York,

October 18-19, 2002

International Peace Institute (IPI), "Enhancing European Military and Police Contributions to UN Peacekeeping", IPI Working Paper, February 2013

James A. *Comparative Aspects of Peacekeeping, The Dispatching End – The Receiving End,* a paper written for National Center for Middle East Studies, Cairo and the Jeffee Center for Strategic Studies, Tel Aviv University, 1995

James A. "Painful Peacekeeping : the United Nations in Lebanon 1978-82", International Journal, Vol. 38, No. 4, October 1983

James A. *Peacekeeping in International Politics,* (London : Macmillan, 1990) p. 1

James A. *Politics of Peacekeeping* (London : Chatto and Windus, 1969)

Jean-Jacque de dardel, Gustenau G. and Pantev P. (eds.) *Post-Conflict Rehabilitation: Lessons from South East Europe and Strategic Consequences for the Euro-Atlantic Community,* (Vienna and Sophia : Study Group Information, 2006)

Johnson J. E. "The Soviet Union, the United States and International Security", *International Conciliation,* February 1949

Karlsrud J. and Smith A. C. "Europe's Return to UN Peacekeeping in Africa Lesson from Mali", *Providing For Peacekeeping,* No. 11, International Peace Institute, July 2015

Keatinge P. *European Security: Ireland's Choice* (Dublin : Institute of European Affairs, 1996)

Kenkel K. M. "Conntributor Profile : Germany" Providing for Peacekeeping, International Peace Institute, http://www.providingforpeacekeeping.org/profiles. Accessed on 10 May

King's College, London, Executive Summary, "Independent Study Security Force Options and Security Sector Reform for East Timor", The Centre for Defence Studies, King's College, London, 8 August 2000

La'o Hamutuk, "An Assessment of UN's Police Mission in East Timor", *The La'o Hamutuk Bulletin,* Vol. 3, No. 1, February 2002

Lash J. P. *Dag Hammarskjold* (London : Cassell and Company, 1961)

Leimbach D. "Snake, Scopions and Red Tape : Europeans Adjust to the UN Mission in Mali", *Pass Blue, Covering the UN,* Ralph Bunch Institute, City University of New York Graduate Center, 11 February 2016

Lemay-Hebert N. "State-building from the outside-in : UNMIK and its paradox", *Journal of Public & International Affairs,* Vol. 20, Spring 2009

Linton S. "Rising from Ashes : The Creation of Viable Criminal Just System in East Timor", *Melbourne University Law Review,* Vol. 25, 2000

Mackinlay J. *The Peacekeepers* (London : UNWIN HYMAN, 1989)

Morrison A., Douglas A., Fraser and James D. Kiras J. (eds.) *Peacekeeping with Muscle: the Use of Force in International Conflict Resolution* (Clementsport : The Canadian Peacekeeping Press, 1997)

Murphy R. *UN Peacekeeping in Lebanon, Somalia and Kosovo: Operational and Legal Issues in Practice* (Cambridge : Cambridge University Press, 2007)

Mutisi M. "Redefining Peacekeeping : The Force Intervention Brigade in the Democratic of Congo", Kujenga Amani, The Social Science Research Council, 26 July 2015. http://forums.ssrc.org/kujenga-amani/2015/07/26/. Accessed on 24 March 2016

Pearson L. Memoirs *Volume II 1948-57* (London : Victor Gollancz, 1974)

Pietz T. "The European Union and UN Peacekeeping : Half-time for the EU's Action Plan" *Policy Briefing*, the Center for International Peace Operations (ZIF), Berlin, October 2013

Pogany I. *The Arab League and Peacekeeping in Lebanon* (Aidershot : Avebury, 1987)

Roberts A. "The Crisis in UN Peacekeeping," *Survival*, Vol. 36, No. 3, Autumn 1994

Rudzingski A. "The Influence of the UN on Soviet Policy

Sheeran S. and Case S. "The Intervention Brigade : Legal Issues for the UN in the Democratic Republic of the Congo"

Skjelsbaek K. and Ness M. H. "The Predicament of UNIFIL : Report on a Visit to Southern Kebanon and Israel, 1-11 November 1985", Norsk Utenrikspolitisk Working Report NO. 343, December 1985

Skogmo B. *UNIFIL: International Peacekeeping in Lebanon, 1978-1988* (Boulder : Lynne Rienner, 1989)

Sitkowski A. *UN Peacekeeping: Myth and Reality* (Westport, Connecticut : Praser Security International, 2006)

Soesastro H. and Subianto L. H. (eds.) *Peace Building and State Building in East Timor* (Jakarta : Centre for Strategic and International Studies, 2002)

Stearn J. K. and Vogel C. "The Landscape of Armed Groups in Eastern Dongo", Congo Research Group, a publication by the Center on International Cooperation, New York University, December 2015

Steele J. "Nation Building in East Timor", *World Policy Journal*, Vol. 19, No. 2, Summer 2002

Strohmeyer H. "Collapse and Reconstruction of a Judicial System : The United Nations Missions in Kosovo and East Timor", *American Journal of International Law*, Vol. 95, 2001

Tardy T."Contributor Profile : France", Providing for Peacekeeping, International Peace Institute, http://www.providingforpeacekeeping.org/profiles. Accessed on 10 May 2015

Terrie J. "The Use of Force in UN Peacekeeping : the Experience of MONUC", paper to be presented to the AFSAAP Conference 2008

Thadoor S. "Should UN Peacekeeping Go 'Back to Basic'?", *Survival*, Vol. 37, No. 4, 1995

Thakur R. and Schnabel A. (eds.) *United Nations Peacekeeping Operations: Ad Hoc Missions, Permanent Engagement* (Tokyo : United Nations University Press, 2001)

The Center on International Cooperation, *Annual Review of Global Peace Operation 2007* (Boulder : Lynne Rienner Publishers, 2007)

United Nations *The Blue Helmets: A Review of United Nations Peace-keeping* (New York : The United Nations, 1990)

United Nations, *The Blue Helmet: A Review of United Nations Peace-keeping, Third Edition* (New York : United Nations, 1996)

United Nations, *UNIFIL Fact Sheet*, Updated 24 July 2006

Urquhart B. *Hammarskjold* (London : The Bodley Head, 1972)

Urquhart B. "International Peace and Security : Thought on the Twentieth Anniversary of Dag Hammarskjold Death", *Foreign Affairs*, Vol. 60, No. 1, 1981

Vogel C. "DRC : Assessing the performance of MONUSCO's Force Intervention Brigade", *African Argument*, 14 July 2014. http://africanargument.org/2014/07/14 Accessed on 24 March 2016

Weinburger N. J. "Peacekeeping Operations in Lebanon", *The Middle East Journal*, Vol. 37, No. 3, Summer 1983

Williams P. D. "Country Profile : the United Kingdom", Providing for Peacekeeping, International Peace Institute, http://www.providingforpeacekeeping.org/profiles. Accessed on 10 May 2015

Yonekawa M. "Challenges of Peace-building in Rwanda and Congo : Nature of the world's most complex emergencies and the role of the UN", a presentation paper at Global Peace-building Forum, Tokyo, 30 May 2015

【国連公文書】

UN Document S/12611 "Report of the Secretary-General on the Implementation of Security Council Resolution 425 (1978)", 19 March 1978

UN Document S/12845 "Report of the Secretary-General on the United Nations Interim Force in Lebanon for the Period of 19 March to 13 September 1978", 13 September 1978

190 ——◎

UN Document S/13025, 12 January 1979

UN Document S/13691, 14 December 1979

UN Document S/15194, 10 June 1982

UN Document S/17093, 27 February 1985

UN Document A/66/305, S/2000/809, 21 August 2000

UN Document S/RES/1319, 20 September 2000

UN Document SC/7061, 18 May 2001

UN Document S/2002/80 *Report of the Secretary-General on the UN Transitional Administration in East Timor*, 17 January 2002

UN Document A/57/353 *Assistance for humanitarian relief, rehabilitation and development in East Timor: Report of the Secretary-General*, 23 August 2002

UN Document A/59/565, *Report of the Secretary-General's High-level Panel on Threats, Challenges and Change "A More Secure World: Our Shared Responsibility"*, 2 December 2004

UN Document S/2005/167, *Seventeenth Report of the Secretary-General on the United Nations Organization Mission in the Democratic Republic of the Congo*, 15 March 2005

UN Document A/59/2005, *Report of the Secretary-General, "In larger freedom: towards development, security and human rights for all"*, 21 March 2005

UN Document S/2007/641 *Report of the Secretary-General on the Implementation of Security Council Resolution 1701*, 30 October 2007

UN Document S/2013/773 *Report of the Secretary-General on the Implementation of the Peace, Security and Cooperation Framework for the Democratic Republic of the Congo and the Region*, 23 December 2013

UN Document S/2014/157 *Report of the Secretary-General on the United Nations Organization Stabilization Mission in the Democratic Republic of the Congo*, 5 March 2014

UN Document S/2014/698 *Report of the Security-General on the United Nations Organization Stabilization Mission in the Democratic Republic of the Congo*, 25 September 2014

UN Document S/2014/957 *Report of the Secretary-General on the United Nations Stabilization Mission in the Democratic Republic of the Congo submitted pursuant to paragraph 39 of Security Council Resolution 2147 (2014)*, 30 December 2014

UN Document S/RES/2211 (2015) , 26 March 2015

UN Document S/2015/303 *Report of the Secretary-General on the United Nations Interim Administration Mission in Kosovo*, 27 April 2015

使用文献　◎——　191

UN Document S/2015/475 *Report of the Secretary-General on the Implementation of Security Council Resolution 1701*, 25 June 2015

UN Document S/2015/486 *Report of the Secretary-General on the United Nations Organization Stabilization Mission in the Democratic Republic of the Congo*, 26 June 2015

UN Document S/2016/498 *Report of the Secretary-General on the situation in Mali*, 31 May 2016

【新聞記事・メディア等】

日本経済新聞 1996 年 5 月 8 日

Agence France-Presse (AFP), 23 October 2000

Agence France-Presse (AFP), 12 December 2000

Agence France-Presse (AFP), 8 June 2001

Agence France-Presse (AFP), 26 February 2002

BBC News, 5 November 2013. http://www.bbc.com/news/world-africa-20438531.

UNHCR Briefing Notes, 17 October 2000

UNHCR Briefing Notes, 31 October 2000

UN Office for the Coordination of Humanitarian Affairs (OCHA), 15 January 2002

UNTAET Daily Briefing, Dili, 28 March 2002

UNTAET Humanitarian Pillar Situation Report, 12 October 2000

UNTAET Humanitarian Pillar Situation Report, 19-26 October 2000

UNTAET Press Briefing, 29 August 2000, Dili

The Australian, 14 August, 2000

The Guardian, 25 August, 2000

The Guardian, 30 August 2000

索　引

A－Z

CIA································17
CNN································40
FIB································121
FUNCINPEC································33
IFOR································129
IRA································140
NATO 空爆································163
New York Times································40
PKO 局································84
PKO 待機軍································137
The Good Faith Agreement································14

ア

アイディード将軍································40
アザワド解放民族運動································165
アダム・ロバーツ································38
アフリカ主導マリ国際支援ミッション
　（AFISMA）································166
アフリカ統一機構································110
アフリカの角································39
アフリカ連合（AU）································147
アムステルダム条約································149
アムネスティー・インターナショナル································95
アライドフォース作戦································34
アラン・ジェイムス································10, 64, 160
アルテミスの作戦································115
アレックス・ベラミー································27, 162
アンゴラ人民解放運動（MPLA）································29
アンゴラ全面独立民族同盟（UNITA）································29
アンゴラ民族解放戦線（FNLA）································29

安全な小道作戦································117
安全保障防衛政策································115
安全保障理事会································4
アンディー・ヤング································65
アンドリュー・ヤング································58
アンワル・サダト································17
移行期管理型 PKO································27
イスラエル································14, 56
イスラム教································44
イラク攻撃································163
インテリジェンス································69, 164
インドネシア陸軍································78
ウィリアム・ドゥルチ································110, 149
ウィリー・カーティス································39
ウ・タント（U Thant）································15, 109
エコノミスト誌································118
エジプト································14
エノシス（ENOSIS）運動································19
エリツイン································139
エルスキン・チャイルダー································38
欧州連合（EU）································80
　　　　共通安全保障・防衛政策（CSDP）
　　　　································149
　　　　共通外交・安全保障政策（CFSP）
　　　　································149
オスマントルコ帝国································19
オブザベーションポスト································3

カ

介入と国家主権についての国際委員会································25
カイロ協定································67
革命統一戦線（RUF）································50

索　　引　◎── 193

カタリーナ・コールマン ……………153
カタリーナ・マンソン ………………113
ガリリー平和作戦 ……………………70
カンボジア ……………………………31
北大西洋条約機構（NATO）………19，34，
　80，147
キトナ協定 …………………………109
キプロス ………………………………19
希望回復作戦（Operation Restore Hope）
　…………………………………………41
キャンプ・デービッド …………………65
　───交渉 ……………………………74
9.11 テロ事件 ………………………147
旧ユーゴスラビア ………………34，93
強化された PKO ………50，101，119，168
拒否権 …………………………………5，65
キングス・カレッジ …………………84
クメール・ルージュ …………………31
グランドスラムの作戦 ………………109
クリスチャン・ホーデット …………117
クリスティン・グレイ ………………162
クルト・ワルトハイム …………………59
クロアチア ……………………………34
軍事監視団 ……………………………3
軍用ヘリコプター ……………………164
原始共産制 ……………………………31
合意 …………………………9，10，108
「合意」「中立」「最小限の武装」……168
交戦規定 …………………………86，108
国際安全保障部隊（KFOR）…………34
国際移住機関（IOM）………………89
国際開発連合（IDA）………………79
国際刑事裁判所ローマ規程 …………123
国際赤十字 ……………………………48
国際治安支援部隊（ISAF）…………150
国民諮問評議会 ………………………97
国民評議会 ……………………………97
国連開発計画（UNDP）………27，89，123

国連カンボジア暫定統治機構（UNTAC）
　…………………………………………31
国連キプロス平和維持隊（UNFICYP）……19
国連休戦監視機構（UNTSO）………59，142
国連軍 …………………………………4
国連憲章 ………………………………5
　───第 7 章 …………………48，86
　───第 8 章 …………………………163
国連コソボ暫定行政ミッション（UNMIK）
　…………………………………………34
国連コンゴ活動（ONUC）……………20
国連コンゴ民主共和国安定化ミッション
　（MONUSCO）………………106，120
国連コンゴ民主共和国ミッション
　（MONUC）…………………106，111
国連シエラレオネ監視団（UNOMSIL）……51
国連シエラレオネ派遣団（UNAMSIL）……51
国連事務総長特別代理 ………………35
国連停戦監視機関（UNTSO）………2
国連ナミビア独立支援グループ（UNTAG）
　…………………………………………29
国連難民高等弁務官事務所（UNHCR）
　……………………………27，81，123
国連パレスチナ難民救済事業機関
　（UNRWA）…………………………15
国連東ティモール暫定行政機構
　（UNTAET）………………………112
国連東ティモール暫定統治機構
　（UNTAET）…………………………78
国連東ティモール支援ミッション
　（UNMISET）………………………100
国連東ティモール事務所（UNOTIL）……100
国連東ティモール統合ミッション
　（UNMIT）…………………………101
国連東ティモールミッション（UNAMET）
　…………………………………………78
国連 PKO 離れ ………………………136
国連兵士引き離し監視隊（UNDOF）
　……………………………………17，66

国連保護隊（UNPROFOR）..............33, 141
国連マリ多元統合安定化ミッション
　　（MINUSMA）.......................165
国連ルワンダ支援団（UNAMIR）.........47
国連レバノン監視団（UNOGIL）.........11
国連レバノン暫定駐留軍（UNIFIL）.....56
コソボ...................................34
　　―――解放軍（KLA）...............34
国家構築型PKO.....................26, 92
コーナー・クルーズ・オブライエン.......108
コフィ・アナン.........35, 38, 71, 115
ゴラン高原..............................66
コンゴ愛国同盟.........................114
コンゴ国民軍...........................108
コンゴ国連活動（ONUC）..............106
コンゴ民主共和国.......................106
　　―――軍（FARDC）...............116

サ

最小限度の武装.................9, 10, 108
サイモン・チェスターマン...............98
サード・ハダト少佐......................61
暫定緊急多国籍軍（IEMF）.............115
暫定国家防衛軍（TNDF）................85
自衛隊.................................140
ジェノサイド（大虐殺）...........23, 49
シエラレオネ............................50
持続可能な発展........................156
実質軍（DFF）..........................61
失敗国家（failed states）.............24
シナイ半島多国籍軍監視団（MFO）.......18
ジミー・カーター........................58
市民参加型統治政策.....................35
シャシ・サドー..........................38
シャトル外交.................17, 59, 66
シャナナ・グスマオ......................88
ジャラット・チョプラ....................96
住民投票................................78
小規模要員............................153

ジョセフ・カサブブ....................107
ジョン・フォスター・ダラス..............8
真実和解委員会........................130
人道的介入（humanitarian intervention）
　.....................................25
人道的危機（humanitarian crisis）....25
新UNIFIL..............................72
スエズ危機...............................7
スエズ動乱...............................1
スチュアート・グリフィン...............162
スハルト...............................141
スレブレニッツア........................23
　　―――の虐殺.........................34
スロベニア..............................34
スロボダン・ミロシェビッチ..............34
世界食糧計画（WFP）...................27
セキュリティー・ジレンマ...............126
セルヴァル作戦........................165
セルジオ・ヴィエイラ・デメロ............82
セルビア民族主義........................34
ソマリア.............................22, 39
　　―――国民同盟（SNA）..............40

タ

第1次国連緊急隊（UNEF I）....7, 14, 107
第1次国連ソマリア活動（UNOSOM I）
　.....................................40
第1次兵力引き離し協定.................18
大英帝国................................19
大湖地域国際会議......................121
第3次中東戦争.........................16
大ソマリア主義.........................39
大統領決定指令（PDD-25）.............44
第2次国連緊急隊（UNEF II）........16, 66
第2次国連ソマリア活動（UNOSOM II）
　.....................................41
第2次コンゴ戦争......................111
第2次ソマリア活動（UNOSOM II）.....137
第2次ルワンダ支援団（UNAMIR II）.....48

第 4 次中東戦争-----------------16
ダグ・ハマショールド-----------8，108
多国間主義-----------------162
多国籍軍（INTERFET）-----------79
多国籍・統合任務部隊（UNITAF）-----40
タミル・イーラム解放のトラ-------22
地域機構---------------136，147
チェックポイント--------------3
チャールズ・テーラー-----------50
中堅国家-----------------142
中立---------------9，10，108
朝鮮戦争-------------------6
ツチ族-------------------45
ティモール海---------------101
ティモール抵抗民族評議会（CNRT）---83
出口戦略----------------75，130
デニス・ツル---------------113
デリバリット・フォース作戦-------150
テロとの戦い---------------141
伝統的国連平和維持活動----------56
天然資源-----------------127
統一ソマリア会議（USC）--------40
東西冷戦------------------22
道徳的権威者---------------176
ドナー諸国----------------82
トリグブ・リー--------------6

ナ

ナクーラ------------------68
ナショナリズム--------------23
ナミビア------------------29
　　───協定（The Namibia Accord）-29
　　───人民自由軍（PLAN）------29
南西アフリカ人民機構（SWAPO）----29
南部アフリカ開発共同体----------121
ニコラス・サルコジ-----------118
ニコラス・サンバニス----------161
西アフリカ諸国経済共同体（ECOWAS）
-----------------------165

西ティモール---------------87
人間の安全保障（human security）---25
人間の盾------------------23
能力開発-----------------156
ノーベル平和賞---------------1

ハ

ハイブリッド司法制度----------93
バージニア・ペイジ・フォンタ-----161
パトリス・ラマンバ----------107
パトリック・カマート----------117
ハビエス・ペレス・デクレアル-----70
パリ和平協定---------------32
パレスチナ解放機構（PLO）-------56
パレスチナ問題---------------6
バン・キムーン------------121，168
バーンズ中将----------------14
反独立派民兵----------------78
汎用ヘリコプター-------------165
東ティモール----------------78
　　───暫定統治機構----------98
ビシンスキー-----------------6
ヒズボラ------------------71
非政府組織（NGOs）-----------27
非対象脅威----------------166
非同盟運動----------------141
ヒューマン・ライツ・ウォッチ----119
ファリンティル---------------83
フォディ・サンコー------------50
複合型国連平和維持活動--------26，78
武装解除・動員解除・社会復帰（DDR）
-----------------------51，124
部隊間相互運用能力------------164
フツ族-------------------45
ブトロス・ガリ-------------33，71
ブライアン・アークハート-------5，65
ブラヒミ報告書------------49，50
武力行使型国連平和維持活動------106
フレティリン----------------83

プレトリア協定	130
文民警察官	90
平和維持隊	3
平和執行	47, 50, 101
平和創造	130
平和のための結集決議	8
平和への課題	38
──・追補	45
ベルギー	46
────部隊	107
ベルリンの壁	22
ペレス・デクレアル	31
ヘンリー・キッシンジャー	17, 66
保護する責任（Responsibility to Protect）	
	25
ボスニア・ヘルツェゴビナ	34
ホテル・ルワンダ	46
ポール・ウィリアムズ	162
ポール・クーリア	24
ポール・ダール	3
ポルトガル	78
────語	99
ポル・ポト	31
ボン会議	150

マ

マイケル・ドイル	161
マリ	165
マルティ・アーティサリ	30
ミドルパワー	10
南レバノン軍	70
民主ターンハーレ同盟	31
メデレイン・オルブライト	44

モイーズ・チョンベ	107
モガデシオの戦闘	42, 47
モーサーの作戦	109
モブツ・セセ・セコ	111

ヤ

ヤセル・アラファト	59
有志連合	147
良い政治	95
米川正子	130
ヨム・キプール	16
ヨーロッパ連合（EU）	147

ラ

ラフダール・ブラヒミ	50
ラマダン（断食）月	16
ラメシュ・タクール	27
ラモス・ホルタ	89, 96
ランパンチの作戦	108
リタニ作戦（Operation Litani）	58
リベリア国民愛国戦線（NPFL）	50
ルサカ休戦協定	111
ルワンダ	22, 45, 93
────愛国戦線（RPF）	46
────解放民主軍（FDLR）	124
レスター・ピアソン	7, 138
レバノン	56
────監視グループ（OGL）	59
────内乱	57
ロメ和平合意	51
ローラン・カビラ	111
ローラン・ンクンダ将軍	116

《著者紹介》

石塚勝美（いしづか・かつみ）

1964 年　埼玉県春日部市生まれ
1987 年　獨協大学外国語学部英語学科卒業
1996 年　英国ノッティンガム大学院修士号（国際関係学）取得
2000 年　英国キール大学院博士号（国際関係学）取得
2000 年　ノッティンガム大学アジア太平洋研究所研究員
2001 年　共栄大学国際経営学部専任講師を経て
現　在　同大学教授

主要著書

Irealand and International Peacekeeping Operations 1960-2000（単著・London: Frank Cass, 2004）
『国連 PKO と平和構築』（単著・創成社，2008 年）
The History of Peace-building in East Timor（単著・New Delhi: Cambridge University Press India, 2010）
『国連 PKO と国際政治』（単著・創成社，2011 年）
『入門国際公共政策』（単著・創成社，2014 年）
UN Peace Operations and Asian Security（共著・New York: Routledge, 2005）
Japan, Australia and Asia-Pacific Security（共著・New York: Routledge, 2006）
Providing Peacekeepers（共著・Oxford: Oxford University Press, 2013）

（検印省略）

2017 年 4 月 10 日　初版発行　　　　　　　　略称 ― ケースで学ぶ

ケースで学ぶ国連平和維持活動
―PKO の困難と挑戦の歴史―

著　者　　石　塚　勝　美
発行者　　塚　田　尚　寛

発行所　　東京都文京区　　**株式会社　創 成 社**
　　　　　春日 2－13－1

電　話　03（3868）3867　　F A X　03（5802）6802
出版部　03（3868）3857　　F A X　03（5802）6801
http://www.books-sosei.com　振　替　00150-9-191261

定価はカバーに表示してあります。

©2017 Katsumi Ishizuka　　　　組版：トミ・アート　印刷：エーヴィスシステムズ
ISBN978-4-7944-4074-7 C3036　　製本：宮製本所
Printed in Japan　　　　　　　　落丁・乱丁本はお取り替えいたします。

―――――― 創成社の本 ――――――

| ケースで学ぶ国連平和維持活動
― PKOの困難と挑戦の歴史 ― | 石 塚 勝 美 | 著 | 2,100円 |

ケースで学ぶ国連平和維持活動
― PKOの困難と挑戦の歴史 ―　　石 塚 勝 美　著　2,100円

国 連 PKO と 国 際 政 治
― 理 論 と 実 践 ―　　石 塚 勝 美　著　2,300円

アメリカに渡った「ホロコースト」
―ワシントンDCのホロコースト博物館から考える―　　藤 巻 光 浩　著　2,900円

グローバリゼーション・スタディーズ
― 国 際 学 の 視 座 ―　　奥 田 孝 晴　編著　2,800円

国 際 学 と 現 代 世 界
―グローバル化の解析とその選択―　　奥 田 孝 晴　著　2,800円

市 民 の た め の ジ ェ ン ダ ー 入 門　　椎 野 信 雄　著　2,300円

家 族 と 生 活
― これからの時代を生きる人へ―　　お茶の水ヒューマン
ライフシステム研究会　編　2,400円

リ メ デ ィ ア ル 世 界 史 入 門　　宇 都 宮 浩 司　編著　2,100円

黒 ア フ リ カ ・ イ ス ラ ー ム 文 明 論　　嶋 田 義 仁　著　3,700円

小 さ な 変 革
―インドシルクという鎖につながれる子どもたち―　　ヒューマン・ライツ・ウォッチ　著
金谷美和・久木田由貴子　監訳
（特活）国際子ども権利センター　訳　1,800円

大 学 生 が 出 会 う 法 律 問 題
―アルバイトから犯罪・事故まで役立つ基礎知識―　　信州大学経済学部
経済システム法学科　編　1,500円

大 学 生 が 出 会 う 経 済 ・ 経 営 問 題
―お金の話から就職活動まで役立つ基礎知識―　　信州大学経済学部
経 済 学 科　編　1,600円

よ く わ か る 保 育 所 実 習　　百 瀬 ユカリ　著　1,500円

実 習 に 役 立 つ 保 育 技 術　　百 瀬 ユカリ　著　1,600円

よ く わ か る 幼 稚 園 実 習　　百 瀬 ユカリ　著　1,800円

(本体価格)

―――――― 創 成 社 ――――――